KB242341

People in GUNPO

김인수가 만난
군포사람들

People in GUNPO

김인수가 만난
군포사람들

토담미디어

군포시는 제2의 고향입니다

제가 처음 군포시로 내려 온 것은 1974년, 결혼 직후지요. 지금의 대야미동 군포시 보건소 바로 옆에서 〈밀알농장〉이란 아름다운 농장을 시작하기 위해서였습니다.

농과대학 원예과를 마치고 일본에서 2년 간 조경학을 공부한 후 서울에서 이곳 대야미동(당시는 화성군 반월면 대야미리)으로 내려온 것입니다. 이곳에 젖소를 키우고 약 4만여 그루의 정원수 묘목들을 마산과 진주에서 직접 구입하고 식재하여 〈밀알농장〉을 기업형 농장으로 육성했습니다. 그러나 1980년 큰 형님이 설립한 〈주부생활〉 미국지사 근무를 자청해 다시 외국으로 나가게 되었습니다. 15년 후 미국지사 근무를 마치게 되자 우리 부부는 산본 신도시가 생겨 난 군포시로 돌아오기로 결정했습니다.

귀국해 미국에 두고 온 두 아이의 뒷바라지를 위해 음식점을 직접 운영하기도 했습니다. 두 아이 모두 학업을 마치고 결혼해 독립하게 되자 저희 부부도 생업에서 은퇴했습니다. 그리고 지난 5년간은 〈군포신문〉의 논설위원으로 시론을 쓰면서 문화·예술·경제·정치·행정 등 30여 개 분야, 약 130명의 군포시민들을 만나 인터뷰를 나누게 되었지요. 모두 평소에 존경하고 좋아하는 분들이었지만 지면 관계로 할 수 없이 이들 중 55명만을 선정해 책으로 묶어 본 것입니다.

이 책은 이렇게 서로 다른 30여 개의 분야에서 탁월한 성과를 이루어낸 군포인들의 이야기입니다. 열심히 살아 온 이들의 삶은 독자들에게 한 가지 이상의 배움이나 감동, 또는 전문분야에 대한 정보를 제공할 것입니다. 또한 군포시에 대한 관심과 사랑, 미래에 대한 방향설정도 제시되었다고 생각합니다.

지난 5년간 지면을 할애해 준 〈군포신문〉에 감사드리며 이 책을 위해 여러 가지 자료를 제공해 준 군포시 홍보실 관계자, 특히 좋은 사진을 제공해 주신 남상준·한재수 두 분에게 감사드립니다. 앞으로 이 책을 읽는 독자들과 유익하고도 즐거운 대화의 묘미를 함께 나눌 수 있었으면 합니다.

감사합니다.

2009년 봄을 맞으며

김인수

김인수의 My Life, My Story

은반의 여제(女帝), 자랑스러운 군포시 브랜드

피겨스케이팅 선수 **김연아**

김연아는 대한민국 모든 국민들로부터 이제 '국민의 동생', '은반의 요정' 이 아닌 '은반의 여왕' 또는 '여제(女帝)' 로 불리어지고 있다. 피겨스케이팅은 동계 스포츠중 가장 인기있는 종목으로 전 세계 매스컴으로부터 항상 집중 조명을 받고 있다

사진 | 한재수, 남상준

군포시가 키워낸 가장 뛰어난 스타이자 브랜드인 '피겨 요정' 김연아가 지난 12월 23일 국내에서 열린 피겨 스케이팅 'ISU그랑프리파이널 대회' 를 마친 후 피곤한 일정 중에서도 군포시청 시장실을 방문했다. 자신의 오늘을 있게 해준 28만 군포시민들 모두에게 감사함을 표명하기 위해서였다. 이 자리에는 군포시 관계자 및 〈군포신문〉 등 지역 언론 관계자들과 수리고등학교 현종민 교장이 함께 배석했다. 노재영 군포시장은 기획재정부의 타당성 조사가 끝나는 즉시 1천3백억 원의 예산을 들여 3만 평방미터 부지 위에 5천 석 규모의 '김연아 빙상장' 을 2016년까지 건립할 것이라는 계획을 발표했다. 군포시가 김연아를 통해 명실상부 대한민국 피겨 중심도시로 자리 잡고 이를 통해 지속적으로 제2, 제3의 김연아를 육성하겠다는 의지인 것이다.

김연아는 대한민국 모든 국민들로부터 이제 '은반의 요정' 아닌 '월드 스타'

또는 '은반의 여제(女帝)' 로 불리기 시작했다. 세계선수권 대회 피겨 스케이팅 여자부 싱글에서 세계를 제패한 월드 챔피언 김연아는 이제 캐나다 벤쿠버에서 개최될 동계올림픽을 준비하고 있다. 동계올림픽의 꽃이라 불리는 피겨 스케이팅은 동계 스포츠중 가장 인기있는 종목으로 전 세계 매스컴으로부터 항상 집중 조명을 받고 있다. 이제 단순한 스포츠 스타 수준이 아닌, 국제적 명성을 가진 '은반의 여제(女帝)'로 화려하게 등극하게 된 것이다.

국제 빙상계의 최고 스타이자 영웅이 된 김연아를 28만 군포시민들은 일찍부터 군포시를 상징하는 최고의 브랜드이자 자부심으로 생각하고 있었다. 지난 2월 7일 캐나다에서 열린 '4대륙피겨스케이팅대회' 에서의 우승 또한 세계적인 불황으로 고통받는 우리 국민 모두에게 큰 기쁨과 함께 '하면 된다.' 는 자신감과 희망을 선사해 주기도 했다.

연아는 유치원을 다니던 7살 때, 군포시에서 가까운 과천시민회관에 실내 링크가 생겼다는 소식과 함께 엄마 아빠의 손을 잡고 스케이트를 배우기 시작했다. 스케이트화를 신은 그 날부터 타고난 점프력을 선보이며 나날이 성장을 거듭한다. 1,800평방미터의 작은 빙판 위에서 피어난 찬란한 꽃 한 송이! 피겨 스케이팅을 시작한 지 1년 만인 군포신흥초등학교 2학년 때 이미 전국동계체전 1 등을 거머쥐고, 도장중학교에 입학한 해에는 최연소 국가대표선수로 발탁되었다. 이후 국내 각종대회 우승에 이어 2004년 세계주니어그랑프리파이널 준우승으로 세계무대 신고식을 치른 후 그 해 9월 헝가리 국제빙상연맹 2차 주니어그랑프리대회에 출전하여 한국 피겨 사상 첫 금메달을 안았다.

2005년 3월 세계주니어피겨스케이팅 선수권대회 은메달, 11월 주니어그랑프리파이널 제패에 이어, 2006년 3월 마침내 국제빙상경기연맹 세계주니어선수권대회에서 자랑스러운 금메달을 획득하게 된다.

이러한 영광이 있기까지 지난 10여 년간 하루 6시간 이상 소화해야 하는 강도 높은 고난도 훈련은 물론이고, 부상으로 인한 수많은 좌절과 고통의 고비를 넘겨야 했다. 어린 고사리 손을 호호 불어가며 영하의 차디 찬 빙판 위에서 수없이 엉덩방아를 찧고 넘어지고 울면서도 다시 일어섰다. 같은 또래 아이들이 누리는 평범한 학교생활과 친구들과의 만남들을 포기해야 했으며 전 세계를 비행기로 오가는 바쁜 일정으로 인한 시차를 극복해가며 국제시합에 임해야 했다. 무엇보다 큰 대회가 있을 때 마다 꼭 이겨야 한다는 강박감은 어린 나이로서 정말 견디기 힘든 일이었다.

무엇보다 연아가 뛰어넘어야 했던 벽은 한국에서 피겨 스케이팅을 배운 어린 선수들은 화려한 기술인 점프는 뛰어난 반면 음악을 느끼고 자기표현을 하는 섬세한 연기, 즉 예술성이 부족하다는 사실이었다. 그러나 세계적인 피겨 스타 선수들일수록 승부욕보다 스케이팅 자체를 즐기고 있다는 사실을 알게 되면서 연아의 표정과 연기도 부드러워지고 자세도 유연해졌다.

피겨 스케이팅의 3요소는 기술과 연기와 파워라고 한다. 연아는 나이에 비해 큰 키와 균형 잡힌 몸매를 가졌으며 천부적인 표현력과, 무난한 외모이면서도 순간적 카리스마와 함께 파워풀한 동작을 선보여 심사위원들과 모든 관객들의 시선을 사로잡고 있다.

작년 8월 김연아의 어머니 박미희 씨는 '피겨의 요정'에서 '피겨의 여제'로 성장시키기까지 헌신적이고 감동적인 이야기들을 담은 『아이의 재능에 꿈의 날개를 달아라(폴라북스刊)』라는 제목의 자서전을 발간했다. 하루 24시간을 함께 보내면서 엄마와 딸, 코치와 선수, 때로는 친구 사이로 관계가 수시로 변했다고 한다. 오전 9시에 일어나 새벽 1시가 넘어 잠들 때까지 엄마는 딸을 항상 지켰다.

군포시 당정동 아파트단지에서 오전에는 태능 선수촌, 오후에는 과천 실내링크로 하루 3, 4시간 씩 아이를 태우고 운전했으며 모든 훈련 과정을 함께 해왔다. 비록 어린 나이지만 연아는 타고 난 절제력과 정리정돈, 스스로 해내겠다는 의지가 누구보다 강했다. 그러나 먹고 입는 것, 기초체력을 다지는 하드 트레이닝, 시합전의 압박감 등으로 인한 어린아이의 어쩔 수 없는 투정에 대해선 엄마가 단호히 혼낼 수밖에 없었다. 남들은 그녀를 '극성엄마'라고 부르기도 하지만 자신은 엄마이기 이전에 연아의 생활과 훈련 그리고 부상을 감시하고 치료해야 하는 전문가로서 함께 생활하는 것 뿐이라고 말한다. 그래서인지 딸에게 밥 한 숟가락 챙겨주는 손길에도 엄마로서의 세심한 연구와 배려와 자부심이 넘쳤다. 그녀의 자서전을 통해 박미희 씨는 다음과 같이 말하고 있다.

"아이를 제일 잘 알고 분석해 낼 수 있는 사람은 엄마예요. 엄마가 연구해내면 효과적으로 더 큰 힘을 발휘할 수 있는데 다른 사람들에게 맡겨 버린다면 얼마나 큰 낭비가 되겠어요. 모든 엄마들은 자녀들에 관한 한 최고의 전문가이기 때문이지요. 그런 특권과 자질을 포기할 수는 없는 것이지요."

박미희 씨 부부에게는 연아 말고도 수리고등학교를 함께 다닌 큰 딸 애라양이 있다. 둘째인 연아에게 모든 포커스가 맞추어져 살아 왔기 때문에 지금까지 큰 딸과 남편을 제대로 챙기지 못해 박미희 씨는 늘 가슴 아프고 미안했다. 연아

의 재능에 날개를 달아 주기 위해서 온 가족의 절대적 이해와 관심과 노력과 희생이 없이는 불가능했던 것이다.

"저는 물론 아빠도 스케이트에 대해 아는 것이 전혀 없었어요. 하지만 아이가 발전하는데 도움이 될 것들을 찾으며 오로지 연아에게만 집중하며 지난 10년을 보내다보니 어느덧 피겨 스케이팅에 관한 전문가가 되어 있었지요."

최근 3월 미국 LA에서 '마의 200점'을 넘기며 세계신기록을 갱신하여 당당히 세계 1위를 차지했을 때 수상식에서 눈물을 보인 모습은 대한민국 국민 모두에게 크나 큰 감동을 주었다. 연아는 스케이트를 시작한 7살의 어린 나이 때부터 1등이 되려면 항상 자신감을 가져야 한다며 스스로 추스르며 다짐해 왔기 때문이다.

지금까지 국민 모두로부터 사랑받는 스타로 개인적 자유 시간이 결코 허용될 수 없었기에 연아는 항상 제일 가지고 싶은 것이 바로 자유시간이라고 말한다. 그러나 이렇게 바쁜 스케줄 중에도 후배들을 키우기 위한 '김연아 꿈나무 프로젝트'에 시간을 할애하며 장학금을 내어 놓고 불우한 이웃을 돕기 위한 자선 아이스 쇼에도 참가 했다.

"한국 피겨스케이팅의 환경이 너무나 척박해요. 연습할 수 있는 아이스링크

가 적어 원하는 장소와 시간을 자유롭게 선택할 수 없어요. 지금도 최고의 레슨을 할 수 있는 코치도 부족하고 엄청난 레슨비의 경제적 부담 때문에 우수한 아이들이 중도에 포기하는 경우가 많아요. 저를 도와주신 많은 후원자에게 보답하기 위해서라도 어린 후배들을 세계적인 선수들로 키우는데 많은 지원을 계속할 거예요. 제가 받았던 것들을 돌려드리는 것이지요(TV에서의 인터뷰 내용)."

김연아를 '은반의 여제(女帝)'로 만든 것은 바로 엄마가 달아 준 날개였다. 그 날개로 힘차게 날아오를 수 있게 만든 것은 연아의 가족과, 연아가 배우며 성장해 온 군포시 신흥초등학교와 도장중학교·수리고등학교의 교직자, 모든 학생들과 군포시 관계자, 28만 군포 시민들의 적극적인 후원과 성원의 힘인 것이다. 모든 군포시민들은 김연아가 앞으로의 캐나다 벤쿠버동계올림픽에서 금메달을 획득하게 될 것을 믿어 의심치 않는다. 그리고 '김연아 빙상장'이 완공되는 그 날 연아가 펼치게 될 멋진 피겨 스케이팅 퍼포먼스와 함께 그랑프리 국제대회

가 우리 군포시에서 성대하게 개최될 것을 믿고 기대한다.

연아는 지난 3월, 수리고등학교를 졸업하고 4월에 고려대학교에 입학했다. 그렇지만 연아는 군포를 떠나지 않을 것이며 영원한 군포인으로 남을 것이다.

연아가 군포에서 스케이팅을 시작했고 초·중·고를 모두 이곳에서 마쳤으며, 비록 잦은 훈련과 시합으로 해외에 있을 경우가 많지만 가족과 함께 우리 군포에 생활하고 있는 있다는 사실을 많은 군포시민들은 행복하게 받아들인다. 나아가 군포시와 학교, 모든 단체들의 단합된 후원이 오늘의 '김연아' 를 만드는 하나의 힘이었다는 데에도 자부심을 가지고 있다.

'군포시의 브랜드' 에서 '대한민국의 브랜드' 로, 이제는 '글로벌 브랜드' 로 성장한 연아의 앞길에 행복만이 가득하길 바란다.

대한민국 오케스트라,
오페라 음악의 전문가

서울대학교 음악대학 교수 **김 덕 기**

아버지의 권유로 자원입대해 공군 군악대 편곡자로 일하면서 트럼펫, 실로폰, 팀파니, 튜바 등 다양한 악기를 경험한다. 미군부대에서 들은 새로운 팝송을 악보로 만들어 연주함은 물론 우리나라 인기가요, 전통 국악 등 각종 행사 때마다 그 분위기에 맞는 다양한 음악을 선보였다.

음악은 제2의 언어이다. 인간들이 느끼는 기쁨과 슬픔 그리고 사랑, 대자연에 대한 경이로움과 환희, 신에 대한 감사와 헌신 등이 음악으로 표현되어질 수 있기 때문이다. 음악은 언제 어디서나 모든 사람을 하나로 만드는 공감대를 형성하기에 우리의 삶과 뗄 수 없는 절대적 위치에 자리 잡고 있다.

우리 군포시에 특별한 음악인이 살고 있다. 한국 전통음악과 클래식 음악의 대가인 부친 김희조 선생의 대를 이어 대한민국 클래식 음악의 전통을 이어가고 있는 자랑스러운 군포인 김덕기 교수이다.

필자가 인터뷰를 위해 찾은 8단지 한양아파트 21층, 그가 살고 있는 집 베란다를 통해서 수려한 수리산 전경이 대형 스크린처럼 펼쳐져 한 눈에 내려다보인다. 한 쪽 벽면 모두를 차지한 최고급 대형 스피커와 대형 앰프, 그리고 세계 각국에서 수집한 수천 장의 클래식 음반이 나란히 진열되어 있다. 마치 천상의

음악실, 고전적 클래식 카페와 같은 분위기 속에서 음악과 함께 일하며 휴식을 취하는 그의 모습이 자연스럽게 머리 속에 그려진다.

"과거 우리나라 전통음악인 국악은 악보가 없어 후대에 기록으로 남길 수가 없었어요. 이런 국악을 현대화하고 체계화시킨 분이 저의 아버님인 김희조 선생님이시지요. 아버지께서 주신 음악적 영향은 절대적이었습니다. 그런 아버지 밑에서 자란 저희 형제들에게 음악이란 밥 먹고 숨 쉬는 것과 같은 일상생활이었기에 악기를 다루고 악보를 읽고 해석하는 것은 취미생활을 즐기는 것과 같았습니다."

김희조 선생은 1950년대 초 악보를 구할 수 없어 '카르멘' 오페라 전곡을 반복해 들으면서 악보로 기록한 후 연주했을 정도로 음악적 감각이 천부적이었다. 6 · 25전쟁 중, 육군 군악대장으로 군악대를 이끌고 함흥까지 함께 진격함으

로 무공훈장을 받았으며 이때 작곡한 군대행진곡과 묵념곡, '국군도수체조' 및
'국민체조' 등은 현재까지 사용되고 있다.

　1958년 이후 KBS방송 관현악단 상임지휘자로 근무하면서 '경복궁타령' '옹
헤야' '신고산 타령' '밀양아리랑' 등 전통음악을 서양악기로 편곡, 소개했다.

　'예그린' 전통오페라단이 창단되면서 작곡·지휘는 물론 한국전통음악을 서
양악기와 합창단이 함께 연주하고 노래할 수 있도록 편곡했다. 뮤지컬 '춘향
전' '심청전' '양반전' '상록수' 등을 작곡함으로 국악 오페라, 전통 뮤지컬이
란 새로운 장르를 개척한 선구자이다. 지금도 그가 작곡·편곡한 많은 곡들이
여러 단체에서 연주되고 있어 많은 음악인들로부터 우리나라 음악계의 선구자
이자 거목으로 추앙받고 있다.

　"지휘를 하셨던 아버지의 영향 때문인지 서울예고 시절부터 심포니와 오페
라·발레 등 다양한 분야에 관심을 갖기 시작했습니다. 음악적 재능과 배경뿐
만 아니라 연기와 무용·음향·조명 등 무대 예술 전반에 대한 지식이 필요하
지요. 무엇보다 지휘자가 되려면 음악적 상식과 함께 성악은 물론 다양한 악기
를 직접 경험해야 합니다."

　미국유학과 함께 전액장학금을 약
속한 단국대학교 음악대학 1기 졸업생
으로 수 차례 미국에서 독주회를 하고
돌아왔다.

　아버지의 권유로 자원입대해 공군
군악대 편곡자로 일하면서 트럼펫·
실로폰·팀파니·튜바 등 다양한 악
기를 경험한다. 미군부대에서 들은 새
로운 팝송을 악보로 만들어 연주함은

김덕기 교수의 부친 고(故) 김희조 선생

물론 우리나라 인기가요·전통국악 등 각종 행사 때 마다 그 분위기에 맞는 다양한 음악을 선보였다.

군에서 제대 후 2년 동안 국립발레단의 피아니스트로 일했다. 당시 단장이었던 임성남(서울예고 무용과장) 교수와 함께 일하면서 발레의 다양한 율동을 직접 춤을 추지 않고서도 음악으로 호흡을 맞출 수 있게 된 중요한 경험을 하게 되었다.

서울예고 3년 후배이며 성악을 전공한 부인(허진희 여사)과 결혼한 그는 음악의 본 고장인 유럽 이태리 밀라노로 함께 다시 유학을 떠나게 된다.

"모든 나라의 문화와 풍습이 다르듯 서양음악도 지역적으로 큰 차이가 있지요. 미국은 다양한 음악의 장르를 한 곳에서 섭렵할 수 있는 반면 음악의 본 고장인 독일은 자신들 전통 음악만을 지나치게 고집하는 경향이 있습니다. 그래서 평소 관심을 가지고 있었던 오페라를 심도 있게 공부하기 위해 보다 진취적이며 융통성이 있는 이탈리아 음악을 대표하는 밀라노 시립음악원과 베르디 음

24

악원에서 피아노와 지휘를 함께 공부하기로 결심했습니다.”

이곳에서 지난 30년간 유럽 각지에서 음악과 함께 하다 귀국 후 시립오페라단을 창단한 김신환 단장을 만났다. 그로부터 아직 시작 단계에 있는 대한민국 오페라계를 위해 함께 귀국해 일하자는 권유를 받는다. 유학을 통해 배운 음악이론들은 단순히 불씨를 얻은 시작일 뿐 실무를 통해 훨씬 빠르고 진취적으로 발전할 수 있는 좋은 기회를 갖게 된 것이다.

당시 국내 오페라계는 무대공연의 특성을 이해하면서 성악과 기악의 차이를 넘어서 함께 조화를 이루어낼 수 있는 지휘자가 없었다. 귀국한 후 오페라 붐이 일기 시작했던 1980년대 후반과 1990년 초 시립오페라단 창단 멤버가 되고 부지휘자로 일하면서 한편으로 ‘오페라 상설무대’의 김일규 씨와 함께 많은 오페라의 초연작품을 무대에 올렸다. 이 시기를 거치면서 국내오페라가 진보적 발전을 할 수 있었고 이와 함께 김덕기 교수 또한 국내 최고 오페라 지휘자로서의 위치를 굳힐 수 있었다.

3년간 대한민국 최초의 지휘자이며 서울예고를 창설한 것으로 잘 알려진 임원식 선생을 모시고 인천시향에서 부지휘자로 활동했으며 3년간의 충남대 교수 생활 후 서울대 음악대학 작곡과 지휘 전공 교수로 자리를 옮기게 되었다.

"지휘자란 이론적 지식은 물론 각종 악기를 다루는 연주가들의 서로 다른 다양한 감각을 이해할 수 있어야 합니다. 저는 학생들에게 이론적 지식보다 몸소 음악을 체험하고 다양한 악기를 접함으로써 연주가들이 느끼는 감정과 세세한 근육의 움직임까지 모두 파악하면서 음악을 표현해 내는 지휘를 강조하고 있습니다."

우리나라는 장한나·사라 장 같이 개인적 기량이 출중한 세계적 연주가들이 많은 반면 협연이나 심포니 형태의 조합과 단결성이 필요한 부분에는 약한 편이다. 최고의 음식이란 맛뿐만 아니라 영양·색깔·분위기 모두가 일치해야 하듯, 심포니 또한 사운드뿐만 아니라 음악 안에서 표현되어지는 인간적 사랑과 기쁨·슬픔·따뜻함·분노 등 다양한 느낌을 전달할 수 있어야 하기 때문이다.

김덕기 교수는 예술의 전당·세종문화회관·국립국장 등에서 〈Carmen〉 〈Madam Butterfly〉 외 30여 편의 오페라를 지휘했으며 'KBS 교향악단' '코리아 심포니' '수원시향' '부천시향' '프라임 필' '동경 메트로포리탄 오케스트라' '그리스 데살로니카 국립 교향악단' 등을 지휘했다.

또한 2007년에 시작한 '서울시오페라단'의 기획시리즈 〈Verdi Big Five〉 중 2개의 오페라를 지휘했으며 음반작업도 활발히 펼쳐 국내외 대표적 성악가들의 독집앨범을 30여 장이나 출반했다. 최근에는 500여 곡 가량의 오페라 아리아와 예술가곡 및 한국가곡의 반주부를 프라임 필과 함께 녹음작업을 진행 중이다.

인터뷰를 마칠 즈음 필자는 마지막으로 우리 군포시의 문화예술 분야가 더욱 풍요로워지기 위해 어떠한 노력을 기울여야 할지를 질문해 보았다.

"군포시가 많은 투자를 해서라도 누구나 이름만 들어도 알 수 있는 세계적인

공연이나 연주회, 전시회를 자주 유치해야 합니다. '군포 프라임 필하모니' 가 국내 최고 수준의 심포니가 된 것도 군포시의 과감한 지원 때문이었습니다. 문화 예술의 붐을 일으킴으로 지역예술인들의 다양한 풀뿌리 공연을 활성화시킬 수 있는 좋은 방법이 되기도 하지요. 다수인 대중들의 흥미를 유발시켜 문화예술에 대한 정보전달과 지식 추구를 충족시킬 수 있다면 군포시란 브랜드를 전국적으로 알릴 수 있는 큰 효과를 갖게 될 것입니다."

자연을 품에 안은
수리산 시인

시인 김동호

서울 수유리 북한산을 배경으로만 30년을 살아온 그가 수리산이 있는 군포시로 온 지도 벌써 14년이 흘렀다. 그는 평생을 이렇게 산과 함께 살아왔다. 남은 여생 또한 수리산 자락인 산본 신도시 9단지에서 마칠 것이기에 술좌석을 함께하는 문우들에게 수리산은 자신의 두 번째 마누라라며 호탕하게 웃는다.

우리 아버지 키만 한 산

우리 어머니 품 같은 산

여름에는 시원하고 겨울에는 따뜻하고

새도 사람도 짐승도 '집, 즐거운 우리집' 노래하는 산

― 연작시 「수리산」 중에서

　　김동호 시인은 우리 군포시를 대표하는 시인이며 지난 40여 년간 성균관대학 영문학과 교수로서 수많은 제자들을 키워 온 원로 교수이다. 그러나 그의 시(詩)세계는 외국어로 표현되어질 수 없는 모국어의 오묘한 정취와 시혼(詩魂)에 빠져있다. 그가 특별히 우리 28만 군포시민들을 위해 남긴 큰 업적은 수리산을 테마로 한 80여 편의 연작시이다. 수리산은 군포시를 상징하는 아름답고 수려한 산이다. 군포시민들 모두가 매일 바라보고 호흡하며 거닐 수 있는 푸른 대공

간이며 시민들이 함께 모여 서로의 건강과 우애, 문화와 예술적 삶을 함께 나눌 수 있는 터전이기도 하다. 수리산을 이처럼 아름답고 섬세하고 다양하게 표현해 낼 수 있었던 시인은 지금까지 없었다.

"인간의 참된 행복은 부유함이나 편안함의 추구에 있는 것이 아니라 작지만 보람 있는 창조적 작업에 있습니다. 어떤 일을 하건 간에, 가령 장사를 하더라도 자신의 능력과 소질을 십분 계발하여 보람 있는 삶과 연결시켜야 합니다. 시인의 경우 주변의 모든 대상물을 보고 듣고 느끼고 만져보면서 그들과 함께 대화하고 교감하며 참다운 사랑을 느낄 때 큰 기쁨이 찾아옵니다."

그는 매일같이 수리산을 오르내린다. 한 걸음씩 내디딜 때마다 수없이 많은 나무와 작은 들꽃, 곤충들과 날아다니는 새를 일일이 관찰하며 이들과 교감한다. 이렇게 수리산의 자연만물을 관찰하며 얻어지는 자연불변의 법칙을 터득함으로 인간의 모순된 삶을 바로잡는 시상을 떠올리며 살아왔다. 수리산 환경과 생태에 대한 사랑을 시의 세계로 승화시켜 지난 94년도부터 시작한 「수리산」이란 연작시가 이제 80여 편에 이르게 된 것이다.

시인을 행복한 사람들이라고 말하는 것은 존재(存在) 일반에 대한 참다운 사랑 없이는 결코 시를 쓸 수 없기 때문일 것이다. 시(詩)란 한 마디로 인간의 영혼을 언어로 표현해내는 작업이며 우주만물과 인간의 삶의 형태를 몇 마디의 언어로 압축하여 표현해내는 어렵지만 의미 있고 아름다운 작업이다.

"시는 직관입니다. 논리적 지식이 아니라 이성, 감정, 상상력 등이 부지불식간에 하나되어 튀어나오는 불꽃같은 것입니다. 어느 순간 스파크(Spark)처럼 느닷없이 나타나 우리의 혜안(慧眼)을 열어주고 가슴을 적셔주고 씻겨주는, 인간의 삶에서 아주 중요한 것입니다."

군포시는 수리산처럼 맑고 건강하며 기품있는 사람들이 모여 사는 인심 좋고 살기 좋은 도시이다. 1993년 산본 신도시가 형성되면서 10명의 회원밖에 없던

군포문인협회가 지금은 한국문단에 등단한 60여명의 대가족으로 늘어났다. 그는 군포시가 전국에서 가장 살기 좋은 곳이라고 말한다. 자연과 문화가 살아 숨쉬는 아름다운 문화도시로 성장할 가능성이 날로 커지고 있기 때문이란다.

큰 백화점이나 종합병원, 명문학교가 많이 들어선다고 문화도시가 되는 것이 아니다. 비록 소박하지만 향기로운 문화인과 예술인들이 많이 모여 사는 동네가 바로 문화도시라는 것이 그의 논리이다.

"요즘 수리산에 오를 때마다 속상할 때가 많아요. 그냥 내버려 두었으면 좋겠는데 멋지게 단장한답시고 인공물을 너무 많이 설치해 수리산이 본래 지니고 있는 운치를 오히려 갉아먹고 있어요. 생태와 환경에 대한 지각이 없이 시민들의 편의만을 좇다가는 수리산 본연의 아름다움을 잃게 되지요."

'환경파괴는 인류를 멸망하게 한다.' 라는 환경단체의 선동적인 외침보다는 구체적이고 절실한 자연 사랑이 더 중요하다. 이러한 의미에서 문학은 자연환경을 사랑하고 보존하는 지대한 역할을 하고 있다고 볼 수 있다.

과거 서울 수유리 북한산을 배경으로만 30년을 살아온 그가 수리산이 있는 군

포시로 온 지도 벌써 14년이 흘렀다. 그는 평생을 이렇게 산과 함께 살아왔다. 남은 여생 또한 수리산 자락인 산본 신도시 9단지에서 마칠 것이기에 술좌석을 함께하는 문우들에게 수리산은 자신의 두 번째 마누라라며 호탕하게 웃는다.

그는 시를 통해 마치 첫사랑의 옛 연인처럼 달콤한 사랑을 속삭이며 매순간 새롭게 변화하는 수리산의 신비한 껍질을 하나씩 벗겨 가고 있다.

오늘도 수리산 정상이 한 눈에 보이는 서재에서 김동호 시인은 시상을 가다듬으며 쉼 없이 시창작에 몰두하고 있다.

김동호 충북괴산 출신으로 1975년 현대시학으로 등단했으며 1975년 그의 첫 시집인 「바다」를 비롯 「꽃」 「피뢰침 속에서」 「노자의 산」 「나는 네가 좋다」 「호호의 집」 「나의 뮤즈에게」 에 이어 작년 4월에 10번 째 시집인 「오현금」을 출간했다. 1998년 '성균문학상' 을 수상했으며 2007년 '시인들이 뽑은 시인상' 을 수상하였으며 현재 성균관대학 명예교수로 재임하고 있다.

대한민국 정치사를
새로 쓰는 3선 국회의원

국회의원 김부겸

김부겸 의원은 자기 자신에게는 엄격하지만 타인에게는 관대한 것이 지금까지 자신의 삶의 원칙이라고 말한다. 무엇보다 운전기사를 두지 않고 전철을 타고 국회로 출퇴근하며 직접 모든 전화를 받음으로 민심을 챙기려는 그의 의지가 돋보인다. 이러한 성실성으로 국회 출입의 정치부기자들이 투표로 뽑는 '백봉 신사상' 7년 연속 수상의 결과를 낳았다.

2000년, 2004년, 그리고 지난 2008년 4월 9일 총선에서 당선된 3선 의원인 김 부겸 의원은 야당인 민주당의 핵심인물로 국정을 이끌어나갈 정치적 거물로 부상하고 있다. 많은 군포시민들도 점차 커지고 있는 그의 정치적 역량으로 선거에서 공약한 서울지역 명문대 공과대학의 유치나 군포공단 재건축, 김연아빙상장 건립 등 굵직굵직한 사안들이 머지않아 실천에 옮겨질 것이라는 기대에 한껏 부풀어 있다.

1956년 12월 경상북도 상주에서 태어난 그는 직업군인인 아버지 밑에서 엄격한 가정교육을 받으며 자랐다. 초등학교시절 대구로 이사, 고등학교시절부터 교회를 다니면서 일찍 사회비판에 대해 눈을 뜨기 시작한다. 1976년 서울상경 후 서울대학교 정치학과에 입학, 박정희 군부 독재정권을 상대로 유신반대 학생운동을 하다 1977년 구속되면서 이후 제적과 복학을 거듭하다가 입학한 지

10년 만에야 겨우 졸업장을 취득할 수 있었다. 인천과 부평 등지에서 본격적으로 민청련 활동에 뛰어들었고, 80년 광주민주항쟁 당시에 경찰수배로 힘든 도피생활과 혹독한 감옥살이도 경험하게 된다. 이러한 여파로 그의 부친도 신군부에 의해 강제 연행 당하면서 타의에 의해 중령으로 예편 당하게 되는 불효를 저지르게 되었다. 전두환 정권을 상대로 민청련에서 재야운동을 하는 와중인 82년에 이유미 여사와 결혼해 가정을 이루었다. 그로부터 지난 26년간 영욕의 세월을 이유미 여사와 함께 동고동락해왔다. 그는 어느 자리에서나 3선 의원이란 지금의 영광은 아직까지 컴퓨터대리점을 운영하면서 살림을 돕고 있는 아내의 내조 덕분이라는 말로 그 공을 아내에게 돌린다.

"결혼 후 국회의원이 되기까지 18년 동안 집에 월급을 가져다 준 것이 단 1년밖에 안 됩니다. 아내는 제가 도피생활을 하던 중 먹고 살기위해 신림동에서 서점을 운영했지만 이것도 이념서적을 팔았다는 이유로 2년 만에 문을 닫게 되었지요. 어쩔 수 없이 조그만 찻집과 식당을 운영하면서 홀몸으로 가게 살림을 꾸려 나가야 했습니다."

90년대 초 정치에 입문할 무렵 고향인 상주를 방문해서 일가친척인 김해(金海) 김(金)씨 문중을 찾아가 협조를 부탁했지만 사상이 불온하다는 이유로 거절당했다. 이것이 바로 고향이 아닌 군포에서 정치적 뿌리를 내리게 된 이유였다. 민주화된 1990년 김영삼 문민정부이후 정치에 투신했으며 한 차례 낙선의 고배 끝에 두 번째 도전인 2000년 4월 총선에서 한나라당 국회의원으로 국회에 입성한다. 그러나 자신의 과거 이념과 일치했던 열린우리당 창당에 앞장선 후 현재 민주당으로 바뀌게 된 지금까지 파란만장했던 정치일정을 상생과 화합의 이미지를 앞세우며 성실과 열정으로 의정생활을 주도해온 것이다.

"과거 군부 독재정권을 상대로 문제를 제기하면서 목숨을 걸고 투쟁하던 제가 막상 국회의원이 되면서 입법을 통해 국민들이 제기한 문제를 해결해야 하는 입장으로 바뀐 것입니다. 정말 이에 대한 어려움을 뼈저리게 깨달았습니다. 국회의사당은 문제 해결장소가 아닌 반대세력과의 소모적 정쟁으로 얼룩진 싸움터에 불과했어요. 이런 와중에 자유와 평등과 민주주의라는 이념만 내세운 경험 없는 정권의 무능력과 시행착오로 결국 한나라당에게 정권까지 빼앗기고 말았던 것이지요. 이상과 현실의 괴리가 너무 크다는 사실만 입증한 것입니다. 이것이 저에게 가장 어렵고 힘든 경험이었어요.”

그가 정치에 입문하게 된 직접적 원인은 선배이자 이념적 스승으로 시흥과 수도권 일대에서 빈민운동을 벌였던 고(故) 제정구 의원과의 20년 가까운 만남 때문이었다.

“몇 푼의 돈에 인간성까지도 팔아넘길 수밖에 없는 절망적 상황에 놓인 가난하고 헐벗은 계층을 하나로 묶어냄으로써 자신들의 존엄성을 되찾게 해 주는 것이 빈민운동입니다. 그 분은 정치적 생명의 위협을 당하면서도 파벌중심이 아닌 인간중심의 정치를 강조했지요. 폭넓은 인간성으로 관용과 상생의 원칙을 앞세우며 타협의 현실성을 중시하는 분이었습니다. 어떠한 권력이든 섬기는 도구이지 누리려 하거나 안주해서는 안 된다고 주장하셨지요. 저 자신도 투쟁만 강조하거나 권위만 내세우는 사람은 아닙니다. 누구와도 타협하고 협력하면서 서로에게 이익을 가져 줄 수 있는 윈윈(WIN WIN)정신을 추구하는 사람이라 인정받고 싶습니다.”

지난 총선에서 3선이라는 금자탑을 쌓게 된 김부겸 의원은 작년 8월 국회 교육과학기술위원회의 상임위원장으로 선출됨으로 우리나라 정치 교육을 움직일 수 있는 강력한 실세 중 한 사람으로 손꼽히게 되었다.

그는 군포시 최고의 자원은 자연환경과 인적자원이며, 교육이 제일 성공한 도시라고 말한다. 앞으로 필연적으로 추진해야 될 사안은 군포공업지역에 첨단산업을 위한 연구소와 교육 기관과 공장을 함께 유치하는 클러스터(Cluster)를 형

성하여 좋은 직장을 많이 만드는 것이다.

"최근 서울대 공대 학장과 경영대 학장이 참석한 가운데 국회에서 심포지엄을 개최하는 단계까지 와있습니다. 서울 소재 명문 공대나 대규모 연구소가 군포에 들어올 수 있도록 계속 대화하고 있지요. '교육' 은 출마할 당시부터 군포시가 나가야 할 방향으로 제시했던 주제입니다. 군포시는 이제 대학 진학률이 전국 평균 85% 보다 훨씬 높은 96%에 이르고 있어요. 5위권 내 대학 진학생만 한 해 100명씩 나오고 있는 경기도 내 최고의 교육도시로 성장한 것 입니다."

평준화 실시 이후 군포시처럼 교육 여건이 신장된 곳이 없다고 교육공직자들도 말하고 있다. 가뜩이나 경제가 어려운 시기에 사교육을 줄이고 공교육을 통해 아이들을 잘 가르칠 수 있다는 건 정말 좋은 일이 아닐 수 없다. 내년에도 군포시 관내 초 · 중 · 고교에 총 35억 원의 추가 예산을 지정해 놓아, 모든 급식실을 현대화하고 2~3년 내에 모든 학교에 다목적 교실 신규건축을 완료할 것이라고 한다.

"제가 교과위원장이 되어 과중한 사교육비로 고통 받는 현실을 막기 위해 음성적인 불법 고액 과외를 못하게 하는 법안을 제출했습니다. 법안을 반드시 통과시켜 사회적 위화감 조성은 물론 사교육시장의 무한 팽창을 뿌리 뽑는 데 앞장 설 것입니다."

김부겸 의원은 자기 자신에게는 엄격하지만 타인에게는 관대한 것이 지금까지 자신의 삶의 원칙이라고 말한다. 운전기사를 두지 않고 전철을 타고 국회로 출퇴근하며 직접 모든 전화를 받음으로 민심을 챙기려는 그의 의지가 무엇보다 돋보인다. 이러한 성실성으로 국회 출입의 정치부기자들이 투표로 뽑는 '백봉신사상' 7년 연속 수상의 결과를 낳았다.

그의 다양한 정치적 커리어와 진실된 인간적 면모가 대한민국을 선진국 반열에 올려놓을 수 있는 강력한 정치적 지도자임을 증명하고 있다. 뿐만 아니라 그를 통해 군포시가 전국 제일의 살기 좋은 도시로 발전하게 되리라는 사실을 새삼 확인할 수 있었다.

전통문화 방짜유기,
52년의 장인

방짜유기장 김문익

기술자가 되고 장인이 되고 명인이 된다는 것은 결코 쉬운 일이 아니다. 최소한 20년이 지나야 타악기의 서로 다른 소리를 가늠하고 유기의 종류에 따라 정확한 비례로 구리와 주석을 섞어낼 수 있게 된다.

지난 52년간 오로지 방짜유기장이란 한국전통기능의 한 분야만을 위해 몸 바쳐 일해 온 김문익 선생이 오래 전부터 군포시에 터전을 잡고 일해 왔다. 유기(鍮器)는 우리나라에서 가장 오래된 전통수공예품으로 청동기시대부터 제작되어 왔다. 천연적인 광물질이 아니라 구리에 아연과 니켈을 혼합해 만든 합금(合金)인 '놋쇠' 를 가지고 특별한 기술로 만든 방짜유기는 독성이 없어 식기로 사랑받았다. 밥이나 국을 담는 식기 이외에도 촛대, 향로, 수저, 토산품 등 방짜로 만들 수 있는 제품의 종류는 다양하다.

특히 징과 꽹과리 같은 전통 타악기는 방짜기술로 만들어야 제 소리를 낼 수 있으며 제작 과정에 따라 제각기 다른 오묘한 소리를 내기 때문에 연주자의 취향에 따라 주문제작을 하는 경우가 많다.

군포시 대야미동 609번지 도마교리에 위치한 일터인 '국일공예사' 에는 그가 일한 지난 52년간의 유기인생이 그대로 녹아 있다. 유기의 역사는 이미 신라시

대부터 시작되었으며 고려시대에는 상류층의 식기와 불교 공예품으로 사용되어 왔으며 그 당시부터 해외로 수출되기도 했다.

"6·25사변이 끝나고 모두가 풀뿌리와 소나무 껍질로 연명하던 12살 배고픈 시절 우연히 고모부의 소개로 공방을 드나들게 되었지요. 언제나 흰 쌀밥으로 배를 채울 수 있는 그곳의 일꾼들을 보고 장인이 되려고 결심한 것입니다. 당시에는 어디에나 무속인들이 있어 징과 꽹과리의 수요가 대단히 많을 때였어요."

경남 함양 덕유산 자락에서 태어난 그는 어릴 때부터 유난히 키가 크고 힘이 좋았기에 초등학교 졸업반인 13살 어린 나이에 벌써 '최두건공방' 에 입문하여 농악기 제작기술을 배우기 시작한다. 이후 전기도 없는 시골 호롱불 밑에서 밤낮 구별도 없이 뜨거운 구슬땀을 흘리며 하루 15시간 이상씩 고된 노동으로 사춘기를 보내야 했다.

"하루 반나절만 일하고도 충분히 먹고 살 수 있었지만 일에 대한 자부심을 갖게 되자 더 배워 보겠다는 마음으로 남들 두 배가 넘는 시간을 일했습니다. 이러한 노력과 기술을 인정받아 1968년 12월에 서울로 올라와 17년간 안양에 있는 중요무형문화재 제77호 기능보유자인 이봉주 선생의 '진유공예사' 에서 평안북도 정주 '납청방짜' 의 큰 놋그릇(양대) 만드는 기법을 연수 받게 되었지요."

1992년에는 경기도 무형문화재 제10호로 지정되어 평생 외길로 이어 온 그의 장인 정신이 전국으로 빛을 발하게 되었다.

기술자가 되고 장인이 되고 명인이 된다는 것은 결코 쉬운 일이 아니다. 최소한 20년이 지나야 타악기의 서로 다른 소리를 가늠하고 유기의 종류에 따라 정확한 비례로 구리와 주석을 섞어낼 수 있게 된다. 1,500도 이상의 고온을 유지하기 위해 계속 풀무질을 하며 6명이 한 조가 되어 번갈아 불에 달구어진 쇳덩이를 때리면서 형태를 잡아간다. 이어 광택을 내기위해 다듬는 연마작업을 한다. 힘들고 복잡한 과정을 거친 방짜유기는 식기류나 전통타악기, 무속인들을 위한 무구, 사찰용품 등 100여 종류의 유기제품으로 새롭게 탄생한다.

일제강점시대, 6·25사변, 5·16혁명 이후 무속인 단속에 따라 유기 문화가 정체된 위기의 시대도 있었다. 그러나 1986년 아시안 게임, 1988년 서울 올림픽 등 연이은 세계적 축제가 열리고 국악 붐이 일면서 전통문화에 대한 국민적 관심이 불붙기 시작했다. 이와 함께 중앙정부와 지방자치단체의 전통문화와 지역 축제에 대한 지원의 규모가 커지기 시작했다.

"세계 각국으로 순회공연을 다니면서 울려 퍼지는 김덕수 사물놀이 패의 징과 꽹과리가 바로 제가 만든 것이라는 사실에 커다란 긍지를 느낍니다. 올해 부천시에서 열리게 될 세계문화 EXPO를 준비하는 위원회의 한 사람으로 선출된 것도 전통문화 장인으로서의 자부심을 느끼게 합니다. 군포시도 장인들을 배출하는 데 필요한 지원과 행사를 아끼지 말아야 해요. 그래야 보다 많은 전통문화의 장인들을 군포시로 유치하고 젊은 기능인들을 배출해 낼 수 있으니까요."

1982년 대야미동에 처음으로 자신만의 독립된 공방을 차린 후 지금까지 산 좋고 물 좋은 수리산 자락을 바라보며 30년 가까이 군포시 터줏대감으로 일하며 시민들로부터 존경받고 있다.

"군포시는 수리산을 배후에 둔 비교적 높은 지대이여서인지 홍수가 나지 않고 물이 잘 빠지는 곳이라 저희 공방이 자리 잡기 좋은 곳이었어요. 이제는 군포가 제2의 고향이 되었지요. 한 가지 아쉬운 점이 있다면 공기, 물, 교통이 최고 좋은 지역이면서도 평촌이나 과천 등 타 도시에 비해 생활수준이 낮아 경제적·문화적 혜택도 그 만큼 낮을 수밖에 없다는 사실입니다."

평생을 우리 고유 전통 소리의 맥을 지켜 온

김문익 선생의 뒤를 이어 제2, 제3의 김문익 선생이 산 좋고 물 좋은 수리산 주변에서 탄생하기를 우리 모두가 기원하는 바이다.

군포시 94개 약국을
대표하는 여성 지도자

군포시약사회 회장 김경자

대한약사회와 경기도약사회의 지부인 군포시약사회는 군포시에 있는 94개 약국을 대표해 군포지역사회 전반에 걸친 건강문제와 의료문제에 관한 여러 가지 봉사활동을 벌이고 있다.

군포시 약사회 김경자 회장은 중앙대학교 약학과 82학번인 여성약사로서 지난 20년간 가정주부로 약국을 운영하면서 경험했던 많은 이야기들을 필자에게 들려주었다.

"저는 중·고등학교 시절부터 수학이나 생물, 화학시간을 좋아 했어요. 또 여성으로 약사가 되는 것은 경제적으로 홀로서기에 가장 좋은 직업으로 생각했기에 열심히 공부하며 대학시절을 보냈지요. 그러나 실제로 약국을 경영하면서 경제적으로는 성공했지만 두 아이의 엄마로서는 빵점이라는 생각 때문에 자주 그만 두고 싶었어요. 개업 초기에는 주말도 없이 매일 아침 7시 반부터 밤 11시까지 하루 15시간 이상 문을 열어야 했어요. 그래서 학교를 마치고 돌아온 아이들이 집에는 가지 않고 엄마를 기다리며 문 닫을 시간까지 약국 근처를 맴돌며 놀기도 했지요. 혼자서 자리를 지켜야하는 작은 약국이었기에 잠시라도 자리를 비울 수 없어 식사시간은 물론 화장실도 제대로 가기 힘들었습니다. 가정주부

로서 직장 일까지 해야 하는 모든 여성들처럼 저도 엄마로서의 죄책감과 학업 성적 부진에 대한 염려를 느낄 때가 많았던 것이지요."

같은 대학, 같은 전공을 공부해 함께 약사가 된 그녀의 신랑은 답답한 약국업무보다는 보다 넓은 사회경험을 쌓으려고 보건복지부의 공무원으로 일했다고 한다(현재 남편은 식약청약무정책팀의 서기관으로 근무하고 있다).

"약사로서의 이러한 개인적인 어려움보다 더 큰 고통은, 의약분업이 시행되면서 더 이상 약을 처방할 수 없게 된 것입니다. 약에 대해서만은 의사들보다 더 광범위하게 공부를 했고 더 많은 경험을 한 전문가임에도 불구하고 의사의 처방에 의해서만 약을 조제할 수 있게 된 것이지요. 마치 자신의 의지가 전혀 없는 로보트처럼 일방적이며 종속적인 관계가 저 개인 자존심에 큰 상처를 준 것입니다. 경제적으로도 의약 분업이 실시된 이후 동네 약국뿐 아니라 큰 병원과 연계하지 못한 대부분의 중·대형 약국들이 운영에 큰 어려움을 겪고 있습니다."

그것뿐이 아니다. 의사가 더 이상 처방하지 않게 된 약들은 유통기간이 지나 모두 폐기 처분해야 하는 경제적 손실과 이에 따른 환경적 폐해가 엄청났다.

"남편의 승진으로 경제적 여유와 함께 약국운영에 더 이상 의미를 느낄 수 없어 폐업결정을 했을 때 폐기해야만 했던 약들이 4천만 원어치 이상이었어요. 꼭 의사들의 처방전에 있는 약들만 써야 한다는 것은 자칫 많은 재고를 남겨 약사들뿐만 아니라 결국 환자들에게 많은 경제적 손실을 입히게 됩니다."

지난 10여 년간 국내 의료계의 혁명적인 사건으로 손꼽는 의약분업 문제뿐만 아니라 한약분쟁이라는 또 다른 산을 넘어야 했다. 그러나 이러한 분쟁으로 인해 양약은 치료제라는 한계가 있는 반면 한방은 기와 혈을 보충함으로 병에 대한 저항력을 키우는 약재라는 사실로 인식하게 되었다고 말한다. 약사들의 한약에 대한 인식이 바뀌어 지면서 한약에 대한 인식이 일반화되고 한국의 젊은 계층뿐만 아니라 해외 선진국 의료전문가와 기관들도 한방의 효과를 인정하게

된 것이다.

군포약사회는 1, 2, 3대 회장을 지낸 배정명 회장에 의해 1988년 설립되었고 4, 5대 윤석용 회장에 이어 현재 김경자 회장은 7대 회장으로서 재임 중이다. 대한약사회와 경기도약사회의 지부로서 일하고 있는 군포약사회는 군포시에 있는 94개 약국을 대표해 군포지역사회 전반에 걸친 건강문제와 의료문제에 관한 여러 가지 봉사활동을 벌이고 있다.

그녀는 현재 경기도 약사회 제약유통이사, 여약사회 정책위원장, 대한약사회 정책위원 등 약사회 업무뿐만 아니라 수많은 지역사회단체에 관여하고 있다. 현재 군포경찰서 행정발전위원회, 군포신문 자문위원, 국민건강보험 군포지부 자문위원 등을 역임하며 군포시를 위한 지역 활동을 벌이고 있다. 특히 경기도 마약퇴치운동에 앞장서 정기적으로 군포시내 초, 중, 고등학교를 순회하며 술과 담배의 해악문제와 함께 습관성 약물복용과 그 부작용에 대해 다음과 같은 경고를 하고 있다.

"박카스나 판피린·게보린과 같은, 피로회복제·감기약·진통제 등에도 카

페인이 함유되어 있어 매일 먹다보면 담배나 술처럼 의존형 습관성을 일으킬 수 있어요. 각종 건강식품들도 그 성분에 대한 자신의 체질과 영양 상태를 알지 못한 채 계속 복용하다 보면 특정 성분 과다섭취로 심각한 이상을 일으킬 수 있지요. 어떠한 성분의 약이든, 비타민 같은 건강식품도 전문가와의 상담이 반드시 필요하다는 사실을 잊으시면 안 됩니다.”

김경자 약사회장은 필자가 만난 어떠한 여성인사들 보다 밝고 명쾌해 오랜 고향친구와 같은 친근감을 주었다. 그녀의 주변에는 지역사회의 많은 인사들이 함께 하기에 군포시약사회뿐만 아니라 군포시 지역사회 전체를 위해 앞으로도 많은 일을 해낼 여성 지도자로서의 의지를 보여주고 있다.

군포 문화 유적은
시민들의 자긍심

향토문화 역사학자 김 영 래

군포문화원이 실시한 문화유적답사에 참여했던 수많은 주민들이 그동안 몰랐던 새로운 군포를 발견한 느낌이라 표현한다. 군포지역에서 태어난 원주민들조차도 도시 속에 숨겨져 있었던 유적지들의 위치와 역사적 배경을 알게 됨으로 새삼스레 군포인이란 자부심을 갖게 되었다고 말한다.

"지구가 생겨난 이래 지금까지 약 3,000여 종족들이 제각기 다른 흥망성쇠의 흔적을 남겼습니다. 그러나 오로지 30여 민족만이 자신들의 고유한 문화와 전통을 이어올 수 있었어요. 5,000년 역사와 문화를 이어온 우리 한민족이 그 중 하나이지요. 반만 년의 역사를 이어 내려오게 한 가장 중요한 요소가 바로 우리만의 전통문화와 예술인 것입니다."

지금 지구상의 모든 국가와 민족은 이렇게 자신들의 정체성과 뿌리를 찾기 위해 노력을 기울이고 있다. 국가뿐이 아니라 지방단체들도 지역의 문화와 역사를 찾아냄으로 지역에 대한 애착과 긍지를 갖게 하려고 노력하고 있다. 군포시도 지자체 실시 이후 우리 고장의 역사와 정체성을 찾아내려고 군포사(史)를 편찬 중에 있다. 필자는 지난 15년간 군포에서 문화적 애향심과 자긍심을 후손들에게 심어주고 고향의 향수를 선물하고자 물심양면 노력하는 김영래 선생을

만났다.

"군포시는 북쪽으로 수리산이란 뛰어난 자연환경과 남쪽으로 펼쳐진 넓은 평야가 이어져 풍수지리상으로 전국에서 손꼽히는 좋은 입지입니다. 그래서 조선시대부터 많은 명문가들이 선조들의 묘소를 모신 곳이기도 하지요. 군포시 주변은 선사시대로부터 조선시대에 이르기까지 다양한 유적이 발굴되는 곳이에요. 조선시대에는 임금이 온양 온천에 거동하게 될 때 반드시 거치는 노정의 하나였고 정조 대왕이 수원의 사도세자 능에 거동할 때 반드시 지나갔던 교통의 요지이기도 했지요."

김영래 선생이 몸담고 있는 군포문화원에서는 매년 정기적으로 '군포문화유적답사'라는 행사를 3회씩 실시하고 있다. (주요 코스로는 조선백자 도요지 - 전주이씨 안양군 묘 - 이기조 선생 묘 - 김문익 방짜유기장 - 동래정씨 부원군파 종택 - 정난종 선생 묘역 일원 - 김만기 선생 묘역 등이 있다.)

"경제 수준이 높아지면서 우리 국내 유적지뿐만 아니라 전 세계의 유적지를 탐방하는 선진국형 관광여행을 많이 즐기고 있습니다. 같은 곳이라도 미리 그 지역의 역사와 문화, 민족에 대한 정보를 알고 보는 것과 모르고 보는 것은 하늘과 땅의 차이가 있지요."

군포문화원이 실시한 문화유적답사에 참여했던 수많은 주민들이 그동안 몰랐던 새로운 군포를 발견한 느낌이라 표현한다. 군포지역에서 태어난 원주민들조차도 도시 속에 숨겨져 있었던 유적지들의 위치와 역사적 배경을 알게 됨으로 새삼스레 군포인이란 자부심을 갖게 되었다고 말한다.

이렇게 28만 군포시민들에게 새로운 역사적 이미지를 심어주고 있는 김영래 선생은 지난 50년을 오로지 역사학에만 바치게 된 이유가 태어난 곳이 바로 백제의 고도 부여였기 때문이라고 말한다.

"태어난 동네 주변이 모두 백제 유적지로 둘러싸인 곳이었어요. 그래서 하루에도 수없이 만나게 되는 관광객들의 길을 안내해주다 자신도 모르게 역사 인식이 깊어진 것이지요."

그는 공주 사범대학교 역사교육학과를 졸업하고 고려대학교 대학원 역사학과를 졸업한 후 38년간 고등학교와 대학 강단에서 학생들을 가르쳐 온 교육자이다. 12년 전 군포로 이주 해온 그는 역사학자로서의 모든 지식과 경험을 바탕으로 군포향토문화연구회를 이끌어 나가고 있다.

"군포 관내의 보다 많은 유적지를 지속적으로 발굴하고 기존의 유적지를 확대 복원시켜 이러한 역사 기념물에 대한 정기 답사 프로그램을 다양하고 깊이 있게 확대해야 합니다. 이것은 군포시민들의 향토애를 고취시킴으로써 우리 자녀들의 자랑스러운 고향을 만들어 주는 중요한 프로젝트이기 때문이지요. 앞으로는 이러한 역사적, 문화적 가치가 도시의 브랜드 가치를 상승시켜 주민들의 삶의 질을 높이는데 절대적으로 기여할 것입니다."

그가 우리 군포시민들에게 잊지 못할 깊은 인상을 남겼던 사실은 2006년 2월 3일, 사회자 임성훈이 진행하는 KBS-TV의 인기프로인 'TV는 사랑을 싣고' 에서 제자였던 인기 강사 겸 방송인 '정덕희' 교수와 30년 만에 충남 예산여고 시절 가장 존경했던 은사인 김영래 선생과의 뜻 깊은 재회 장면이 전국으로 방영된 것이다.

그는 진정한 교육자로서 많은 제자들을 키웠을 뿐만 아니라 교육현장에서 은퇴한 현재에도 지역사회의 전통문화 계승을 위해 몸바쳐 헌신하고 있는 것이다. 군포문화원의 적은 예산 때문에 때로는 자신의 주머니까지 털어가면서 군포문화유적답사 프로그램을 진행해가고 있다.

군포시의 주체(主體)는 여성이어야 합니다

군포여성민우회 대표 김 영 숙

군포시의 주역은 남성들이 아닌 여성들이다. 더이상 여성들은 약자가 아니다. 사심을 버리고 당당하게 현실과 맞서는 용기를 가지고 군포시의 모든 정치, 행정, 시민단체 활동에 적극적으로 참여해야 한다.

군포시 안에서 모든 소비는 여성들의 손에서 이루어지며 자녀들의 학교 교육, 문화와 예술 등 각종 기관과 단체에 참여하는 사람들도 대부분 여성들이다. 그런데도 불구하고 군포시의 정치나 행정 등 가장 중요한 부문만은 모두 남성들에 의해 좌지우지 되고 있다.

"이것은 남자들이 일하는 곳에는 여성들은 절대 나서지 말고 항상 남성들 보호 아래 살아야 한다는 전통적 고정관념 때문입니다. 특히 군포시는 유교적인 남성우월주의 사고가 강했던 지역이지요. 그러나 현대사회는 스스로의 능력을 개발하고 적극적인 단체 활동을 벌이지 않고서는 정치적 행정적 파워를 가질 수 없습니다. 남성들의 들러리만으로는 절대로 여성들의 자주성과 권익을 찾을 수 없는 것이지요."

전남 광주의 부유한 집안에서 태어나 전남여중고를 졸업하고 이화여자대학교 사범대학을 마쳤다. 졸업 후 대한항공 스튜어디스로 3년간 근무하던 중 만난

남편(김준철 56세)은 미국 퍼듀대학에서 석사와 박사를 마치고 현재 서울대학교 약학대학 교수로 재직 중이다. 로스쿨(Law school)에 재학 중인 큰아들 준형(30세)과 미국 코넬대학 통계학 석사과정 중인 막내아들 준규(25세), 그리고 딸 준아(27세)는 LA에서 영화분장을 공부하고 있다.

미국에서 둘째, 셋째를 낳고 키우면서 '퍼듀 국제부인회' 한국 대표로 일하는 동안 미국정부가 경제력이 없는 소수민족과 여성들에 대해 베푸는 다양한 정책적 배려에 깊은 감명을 받았다. 반면 1986년 남편이 서울대학교 교수로 재직하게 되면서 한국에 귀국한 직후 서울대학교 대사 입주를 기다리는 동안 아이들이 3명이라는 이유로 전세 얻기가 힘들어 할 수 없이 다섯 식구 모두 친정집에서 보내야 했던 어려움을 경험하게 된다. 또한 주위사람들로부터 아이들이 학교에 적응하려면 먼저 돈 봉투를 들고 학교에 가 담임선생을 찾아야 한다는 충고를 들었다. 이때부터 대한민국도 달라져야 한다는 생각으로 시민운동에 관심을 갖게 되었으며 1989년 서울대 교수 부인들과 함께 '민우회 생협'과 '참교육을 위한 전국 학부모회' 창립멤버로도 일하기 시작했다.

"1992년 말 산본 신도시로 이사 왔습니다. 쓰레기소각장 문제로 시끄러웠던 시기였지요. 1단지 대표로 쓰레기소각장 대책위원회에서 투쟁하는 동안 환경문제에 관심을 가지게 되었어요. 이후 '중앙경실련'과 '녹색환경과 공해연구소' 등 중앙단위 시민단체와 연대해 쓰레기 줄이기 및 입지문제를 군포시에 건의 했지요. 실제적인 정책 결정에 대한 파워를 갖기 위해 1995년 선거를 통해 군포시 2대 시의원으로 군포시의회로 진출하게 되었습니다. 3대 시의회 전반기 부의장으로 일하기도 했지요."

그러나 지방자치단체인 시의회조차 다수당 시의원들의 머릿수로 모든 정책이 결정되며 중앙당의 인기도와 정책결정에 따라 춤을 출 수밖에 없는 현실에 큰 비애를 느꼈다. 이러한 당 소속이 갖는 한계에 대한 갈등과 그동안 너무나 소

홀했던 사춘기 자녀들의
교육문제로 결국 시의회
활동을 중단하게 된다. 그
러나 6년간 시의회에서
활약하는 동안 '여성발전
기본법' 조례제정을 하게
되고 발전기금 10억 원이

란 거액의 예산을 받아냈다. 아울러 군포민우회 준비위원장, 한국여성연합위원, 경기도 여성발전위원 등 여성 지도자로써의 역할을 함께 하는 동안 1998년에는 여성부 장관 공로상을 수상했다.

"산본 신도시는 어느 단지에서나 30분만 걸으면 수리산에 닿을 수 있으며 한두 시간만 걸으면 13개 단지를 모두 돌아 볼 수 있어요. 군포시는 물가가 싸고 전국에서 영구임대파트가 가장 많은 서민들의 도시이지요. 대형 마트에 가나 재래시장에 가나 항상 아는 얼굴들과 마주치고 남녀노소 누구나 이웃사촌처럼 서로 인사를 나누는 인심 좋은 고향동네를 느끼게 하는 내 고장 군포입니다."

강남, 분당 지역에서 벌어지는 부동산 투기, 치맛바람, 과외비, 사치, 방종의 분위기 속에서 자라나는 자녀들의 비극적 미래가 대한민국의 미래를 암울하게 한다는 것이 김영숙 회장의 생각이다. 더 이상 여성들은 약자가 아니다. 군포시의 주역은 여성들이다. 사심을 버리고 당당하게 현실과 맞서는 용기를 가지고 군포시의 모든 정치, 행정, 시민단체 활동에 적극적으로 참여해야 한다는 것이 그녀가 군포시를 살고 있는 모든 여성들에게 던져주는 가장 큰 화두이다.

30년 노동운동가,
군포시장으로 일하다

前 군포시장(민선 2, 3기) 김윤주

갈등과 불신을 해소하기위한 방편으로 먼저 문화와 예술이라는 공감대를 형성함으로 28만 시민들을 하나로 만들기 위한 노력을 기울였다. 군포문화예술회관, 군포문화센터, 여성회관, 청소년회관과 수련관, 노인회, 복지회관, 장애인센터 등을 통해 다양한 교육과 문화 예술을 접할 수 있도록 했다.

　군포시는 1990년 산본 신도시가 생겨나면서 외부로 알려지게 되었으나 그 이전에는 시흥군의 남면 소재지로 인구 만 명 미만의 조그만 농촌마을에 지나지 않았다. 1980년대말 노태우정권때 만들어진 산본 신도시로 인해 군포시는 불과 10여 년 사이에 인구가 20배 이상이나 늘어나면서 급격한 도시발전을 이루었다. 또한 지방자치제 실시라는 행정적 대변혁과 함께 28만 군포시민의 삶의 질 또한 다양하게 변화했다. 교육·문화·예술·교통·행정·경제 등 모든 분야가 놀라우리만큼 빠른 시간 안에 발전 향상된 것이다.

　이런 새로운 군포시 역사를 이야기할 때 빼놓을 수 없는 인물이 있다. 민선 1기의 조원극 前시장에 이어 민선 2기와 3기의 임기인 8년 동안 군포시의 수장으로 군포시를 으뜸가는 친(親)환경도시 그리고 교육도시로 변화를 이끌어온 김윤주 전 시장이다. 지금은 일선에서 물러나 새로운 전기를 모색하고 있는 그를

찾아 지금까지 지켜온 삶의 철학과 살아온 자전(自傳)적 이야기를 들어보기로 했다.

"과거 8년 군포시장 임기 동안 최선을 다해 일했다고 자부합니다. 저는 지금까지 어렵고 힘들수록 더 큰 성취감과 보람을 얻을 수 있다는 생각으로 항상 도전하고 투쟁해왔기 때문이지요. 쉬운 일들만 골라하거나 자신의 이익만을 챙겼다면 모든 군포시민들로부터 버림을 받았을 것입니다. 저는 노동운동가 출신으로 제일 먼저 집 없는 서민, 힘 없는 계층인 노인·청소년·장애인들을 위한 복지 정책과 시민들이 쉬고 즐길 수 있는 대규모 녹지와 체육 공간을 마련하는데 중점을 두었습니다."

그가 취임하기 이전부터 쓰레기소각장 문제로 군포시 행정당국과 군포시민들 사이의 심각한 갈등과 불신이 넘치고 있었다. 또한 산본 신도시로 유입된 새로운 인구와 군포역 주변 구도시간의 지역적 감정의 골도 깊었다. 이러한 갈등과 불신을 해소하기위한 방편으로 먼저 문화와 예술이라는 공감대를 형성함으로 28만 시민들을 하나로 만들기 위한 노력을 기울였다. 군포문화예술회관, 군포문화센터, 여성회관, 청소년회관과 수련관, 노인회, 복지회관, 장애인센터 등을 통해 다양한 교육과 문화와 예술을 접할 수 있도록 했다. 함께 배우고 즐기는 동안 군포시민 모두가 하나라는 사실을 인식하고 서로 화합할 수 있는 계기를 만든 것이다.

"무엇보다 긍지를 느끼고 있는 것은 시민체육광장과 중앙공원 그리고 철쭉동산에서 많은 시민들이 여가를 즐기고 체력을 단련하는 모습들입니다. 당시 시의회가 삭감한 예산을 세 차례나 상정해 가까스로 통과시킨 것이지요. 군포시민들이 '원하는 것' 과 '도움이 되는 사업' 은 적자를 감수하면서 경영이 아닌 복지사업의 논리로 관철시켜 나간 것입니다."

김윤주 전 시장의 이러한 뚝심은 지독하게 가난했기에 초등학교조차도 마칠

수 없었던 좌절을 이겨내고 독학으로 공부한 어린 시절부터 그 열정을 발견할 수 있다. 1960년대 말 가난 때문에 일찌기 고향을 등지고 무작정 서울로 상경해 영등포시장과 공장지대를 전전하면서 막일을 해가며 배를 채우기에도 급급했다. 그러다 보일러기술을 배운 후 당시 하늘의 별 따기보다 어렵다는 직장을 가까스로 가질 수 있었다. 안양지역에 있는 대기업체의 공장 노동자로 운 좋게 취업했으나 노동자가 기업경영과 국가발전을 위해 피와 땀을 흘리면서도 정당한 대우를 받지 못하는 사실에 분노를 느꼈다. 혹독한 노동시간과 오염된 작업환경으로 대부분의 노동자들은 몸과 마음이 병들어 갈 수밖에 없다는 사실이 가슴 아팠다. 그때부터 타고난 정의감과 강한 승부욕으로, 군부독재시절 경제발전이란 미명 아래 희생된 노동자와 서민들을 대표해 군부독재정권과 30년 넘게 맞서 싸웠다. 마침내 민주화가 되면서 5만 명의 노동자를 대표한 노동지도자로서의 경력을 인정받아 김대중 정권에 의해 군포시장 후보라는 영예로운 선택을 받게 된 것이다.

노동운동가도, 시정행정가도 서민들의 삶의 질을 향상시키기 위해 존재한다.

그러나 노동운동가는 원하는 것을 극렬한 투쟁으로 쟁취할 수 있지만 고위직 행정가는 조직의 거대한 예산을 자신이 원하는 방향으로 집행할 수 있는 유리한 위치에 서있다. 그는 시민들과의 공감대만 얻어낼 수 있다면 훨씬 더 많은 일을 할 수 있다는 생각으로 군포시장에 도전했으며 첫 도전으로 시장이 되었다. 취임 후 제일 먼저 권위적이며 행정만능주의적인 군포시청 내의 분위기를 공직자 각 개인들이 소신껏 일할 수 있는 자율적 분위기로 바꾸어 놓았다. 임기 중 모든 행정적 절차를 간소화 시켰으며 '군포비젼 2005' 라는 기획단을 출범시킴으로 현재 추진하고 있는 군포시의 모든 중장기 대형 사업들의 프로젝트에 대한 기본을 설계해 놓았다.

"그동안 교육특구로 지정되기 위해 장기간 노력한 것과 금정역세권 개발사업, 군포공단 재개발 등 수많은 대형 사업들을 위한 기본틀은 잡아놓았지만 제대로 마무리할 시간이 없었기에 지금도 많은 아쉬움이 남습니다."

그는 재임 중 복지정책과 교육·문화·체육 정책들을 통해서 서민층을 중심으로 일해 왔기에 서민들을 중심으로하는 군포 시민들에게 좋은 반응을 얻었다. 그러나 뛰어난 자연환경과 국내 제일의 교통망과 물류 중심도시임에도 불구하고 임대아파트와 소형아파트의 비율이 너무 높아 도시의 경제적 가치가 낮아졌다는 비판의 소리 역시 높았다.

필자가 지난 수년간 그를 가까이 지켜보면서 받은 느낌은 자신이 해 온 일과 하고자 하는 일에 대한 집념과 열정과 이에 따른 카리스마, 그리고 근면성이 누구보다 뛰어난 지도자라는 사실이다.

영어교육의 포인트는 창의력과 적극성

산본헤럴드스쿨 원장 **김종미**

아이들의 정서와 능력은 5세에서 7세 사이에 이미 형성된다. 이때 부모는 자녀들에게 좋은 습관과 긍정적 사고, 자신감과 사회성을 심어주어야 한다. 7세가 넘어가면 잔소리나 야단 등 어떤 물리적 힘으로도 교정할 수 없게 된다는 것이 김종미 원장의 교육학적 진단이다.

김종미 원장은 유아들을 위한 영어교육전문가이다. 단순한 이론적 전문가일 뿐 아니라 외국에서 유학생활을 경험했으며 두 자녀를 키운 부모로서의 산 체험이 있기에 그 의미가 더욱 크다.

이화여자대학교에서 유아교육학을 전공한 교육학 학사이며 대학원에서 신문방송학을 공부하는 동안 KBS-TV에 특채 되었다. 아나운서로 근무하던 중 1982년 선진국인 영국으로의 해외 유학길에 오르게 된다. 런던 내 어학기관인 '피트먼 컬리지'에서 언어과정을 이수하고 '웨일즈 카디프'의 '켈튼'에서 현지 유치원 교사로 일했다.

8년간의 영국생활 중, 박사 과정에 있는 같은 유학생(허찬영 : 현재 한남대 교수)과의 결혼으로 두 자매를 갖게 되었다. 유학기간을 통하여 가족 모두 영어가 능통하게 되었다는 사실보다 선진국의 합리적인 사회의식과 생활방식, 교육체

제를 직접 보고 배울 수 있었다는 사실에 더 많은 비중을 두고 있다.

"단어 몇 마디 더 외우고 생활 영어 회화 몇 마디 더 구사하는 것이 영어교육의 목표가 아니에요. 먼저 영어가 세계 속에서 어떠한 경쟁력을 갖고 있는가를 체험적으로 깨달아야 합니다. 그리고 영어권 민족들의 문화와 사고, 생활 방식을 익힘으로 생활 속에서 영어를 활용하고 실천할 수 있는 창의적이며 적극적 자세가 바로 영어교육의 포인트라고 생각하지요."

귀국 후 10년 넘게 서울 강남과 안양 평촌에서 영어 강사 생활을 하면서 영어 교육에 대한 큰 회의에 빠지게 되었다. 한국 어린 학생들 상당수가 수업시간 중 집중력을 갖지 못하고 산만한 태도를 보이기 때문이다.

"선진국의 교육체제를 외면한 한국교육정책의 비효율성으로 학부형들과 자녀들에게 엄청난 희생을 요구하는 것이 가장 큰 문제입니다. 과도한 수업과제 뿐만 아니라 방과 후에도 늦게까지 이곳저곳 각종 학원을 순회해야 하는 아이들에게 집중력을 강요하기란 불가능하지요. 그것도 자녀들 스스로 좋아하는 과목이나 특기를 선택하는 것이 아니라 학교 성적을 중심으로 부모가 일방적으로 선택하는 경우 자녀들은 심한 거부 반응을 일으키게 되지요."

아이들의 정서와 능력은 5세에서 7세 사이에 이미 형성된다. 이때 부모는 자녀들에게 좋은 습관과 긍정적 사고, 자신감과 사회성을 심어주어야 한다. 7세가 넘어가면 잔소리나 야단 등 어떤 물리적 힘으로도 교정할 수 없게 된다는 것이 김종미 원장의 교육학적 진단이다.

한국의 부모들은 자녀들의 재능과 특기 적성 지적수준 등을 가늠하는 교육적 관심과 인식이 부족하다. 무엇보다 영어교육은 단기적인 방법으로는 성과를 얻을 수 없기에 장기적인 관점으로 목표 설정을 해야 할 것이라고 말한다.

"바로 5세에서 7세 사이가 영어를 공부하기 가장 좋은 나이이지요. 집중적인 초기영어교육이 가능합니다. 그러나 초등학교에 진학하게 되면 영어교육시간의 절대부족으로 영어 실력도 흥미도 없어져요. 공교육에서의 영어교육 질적 향상 없이는 사교육의 의존도나 해외조기유학과 같은 문제가 절대 해결되지 못할 것입니다."

그래서인지 우리 군포시에도 수많은 영어 학원들이 산재해 있다. 원어민영어 교사들도 많이 배치되어 있다. 그러나 원어민 영어교사들에 대한 많은 문제점들이 제기되고 있다. 어떻게 해야 부모들은 보다 나은 영어교육기관을 선택할 수 있을까?

"영어권에서 태어난 원어민이라고 모두 영어를 가르칠 수 있는 것이 아니에요. 우리에게 필요한 영어교육 방식과 서구문화를 가르칠 수 있는 학력과 경험, 그리고 티칭능력을 겸비해야 합니다. 이렇게 좋은 원어민교사를 확보하고 관리하며 양질의 교육프로그램과 학습시설을 완비해 배운 영어를 충분히 활용할 수 있는 환경을 제공하는 영어교육기관을 부모들은 선택해야 할 것입니다."

군포 거주 초등학교 5학년 이상의 많은 학생들이 영어교육 때문에 평촌으로 학원을 찾아 옮겨 다니고 있다. 군포시가 교육특구로 지정되었다면 학교 뿐만 아니라 사교육기관들도 강남이나 목동 수준의 교육환경을 만들어야 한다. 그래야 군포시 인재들과 교육비용에 대한 외부유출을 막을 수 있기 때문이다.

"지금 90년대 중반 이후 영어교육의 중요성이 사회적 이슈가 되고 영어에 대한 경제적인 투자가 해마다 엄청난 숫자로 증가하고 있어요. 이에 따른 많은 사회적 문제가 야기되고 있는 것도 사실입니다. 그러나 이것을 토대로 머지않아 선진국과 같은 수준의 영어교육이 이루어질 것이며 해외유학에 따른 여러 문제들도 해결되리라 생각해요. 어떠한 희생을 통해서라도 우리 대한민국은 선진화, 세계화를 이루어낼 것입니다. 우리도 이제는 '우물 안의 개구리' 에서 벗어나야하기 때문이지요."

군포시와 보리밥을
너무 사랑하는 미국인

한세대학교 영어강사 **토마스 니클** Thomas Nicle

특별히 좋아하는 곳이 바로 대야미동이다. 이곳 주민을 친구로 두게 되어 작은 땅을 빌려 감자 고구마 상추 등을 직접 심고 재배하고 있기 때문이다.

5년 전 한국에 처음 온 그이지만 지난 4년간을 군포에서 살아 왔다. 그가 태어나고 자라 온 미국 남부 지방 죠지아(Georgia)주, 디케이터(Decatur)시와 너무나 흡사해 군포시가 마치 자신의 고향처럼 느껴진다고 말한다.

"미국의 남부지방 사람들은 혈통과 가문을 중요시하며 선조 때부터 농사를 지어 오던 땅에 대한 집착이 매우 강한 보수적인 사람들입니다. 또한 민족과 국가에 대한 자긍심이 강하며 이웃과의 관계를 가장 중요시 하지요."

무엇보다 군포시를 사랑하게 된 것은 군포가 서울 근교의 작은 도시인 것처럼 자신의 고향인 디케이터시도 광역도시인 가장자리에 걸쳐있는 작은 도시라는 점이다.

"광역도시인 애틀란타(Atlanta)의 끝자락에 위치해 있기 때문에 높은 빌딩 숲과 복잡한 교통망이 시작되는 곳이기도 하지만 대규모 농장과 소나무 숲이 끝없이 펼쳐진 대자연의 끝자락이기도 합니다."

이렇게 군포는 수리산을 배경으로 작은 산들로 둘러싸인 전원도시라는 점이

그를 사로잡았으며 중심상가에 가면 언제나 아는 얼굴들을 만나 서로 인사를 나눌 수 있어 행복하다고 한다.

"4년 전 처음 군포에 왔을 때 이곳 주민들이 저를 친구로 대해 주지 않았다면 미국인 친구들과만 어울려 돌아다니며 한국문화와 언어를 배우는데 게을리 했을 것입니다. 그러나 많은 한국인 친구들을 사귈 수 있어 한국 역사와 문화를 배우고 맛있는 음식을 알게 되어서 너무나 행복합니다."

그가 군포시에서 특별히 좋아하는 곳이 바로 대야미동이다. 이곳 주민을 친구로 두게 되어 작은 땅을 빌려 감자 고구마 상추 등을 직접 심고 재배하고 있기 때문이다. 타고 난 농부근성과 부지런함으로 시간이 주어질 때 마다 재작년 구입한 낡은 갤로퍼 SUV를 몰고 다니며 한국 구석구석을 여행하며 경험하고 다니고 있다.

"한세대학에서 한국학생들을 가르치면서 저 자신이 많은 것을 배우고 있습니다. 동양과 서양 문화의 차이점인데요. 한국인들은 가족적이며 집단적이기 때문에 함께 모이면 적극적으로 자신을 표현하며 과감해지는 반면 개인적으로 자기를 표현해야만 될 때는 자신감을 잃고 소심해지는 경향이 있습니다. 그러나 외국어를 배우려 할 때에는 이러한 성향이 절대적으로 불리하게 됩니다."

그래서 토마스는 시험을 치고 학생들의 능력을 평가해 등급을 나누어 교육하는 옛 방식 보다는 엄마 아빠 아이들이 함께 즐기면서 영어로 이야기하며 서로 가르치며 배우는 가족적인 교육방식이 훨씬 효과적이라고 말한다.

사십이 넘었지만 그는 아직 노총각이다. 이곳 군포에서 살아오면서 그는 한국여성과의 결혼을 바라게 되었으며 이곳 군포에서 정착할 것을 꿈꾸고 있다. 활달한 성격인 반면 일반 미국사람들과는 달리 매우 보수적이며 성실한 그는 필자에게 '더 많은 한국적 사고와 문화를 배우기 위해 이 책을 읽는 많은 군포시민들과도 만나고 싶다.' 고 이야기한다.

조기유학은 영어교육의 정답이 아닙니다

군포고등학교 영어교사 **김 동 권**

군포지역에 영어교육의 시범적 모델을 제시하기 위한 무거운 책임감으로 지난 4년간 밤낮으로 영어교육의 핵심에 서서 앞만 보고 달려 온 것이다.

"우리말도 제대로 발음하지 못하는 어린아이들에게 영어를 함께 가르친다는 것은 자칫 두 가지 언어 중 어느 하나도 제대로 소화할 수 없는 언어장애를 초래할 수 있습니다. 전통적 문화에 대한 가치관과 가족문화에 대한 이해 없이 갑자기 서구 문화를 접하게 될 때 정체성(Self-identity)에 혼란을 가져 올 수 있습니다. 우리나라 영어교육에 많은 문제점이 있다는 것은 교육자인 저 자신도 인정할 수밖에 없지만 조기유학에도 이에 못지않은 문제들이 있습니다."

캐나다 · 호주 · 뉴질랜드 등의 일부 지역 학교에는 한국에서 온 유학생들의 비율이 거의 50%를 차지할 정도이다. 그래서 수준 높은 백인 지역 공립학교에서는 더 이상 한국학생을 받지 않으려 한다. 영리만을 목적으로 한 어학연수원이나 수준 낮은 학교들은 한국학생들 뿐 만 아니라 일본 · 중국 · 동남아시아 학생들을 한 교실에 몰아넣어 제대로 된 영어교육이 불가능하다. 또 학교시간이나 방과 후에 한국학생들 끼리 몰려다니고 외국인 집에 홈스테이하는 아이들이 방구석에서 컴퓨터 게임만 하다 귀국하는 경우가 많다는 것이다.

"대부분의 어린 아이들은 언어와 문화의 차이 때문에 외국인들과의 접촉을 꺼립니다. 결국 열등감과 외로움에 시달리다 정신적으로 큰 문제를 안고 오는 경우도 많습니다. 단기간 외국에 나갈 경우는 언어교육 보다는 그 나라 민족과 문화, 그들의 생활방식을 배울 수 있는 기회로 활용해야 합니다.

우리나라는 1997년 이후부터 초등학교 3학년이 되면 정규과목으로 영어를 배우기 시작한다. 그러나 대부분의 학부형들은 유치원 이전부터 사설학원에서 영어를 가르치고 있다. "정규수업 이전에는 원어민들의 영어발음을 그대로 소화할 수 있기 때문에 듣기와 말하기 위주로만 가르치는 것이 좋습니다. 영어노래나 만화·동화책·영화 등으로 영어에 대한 친밀감을 주는 정도가 좋겠지요. 이제는 교육방송이나 유선방송 영어전문채널들이 많아 집에서도 얼마든지 재미있게 영어를 배울 수 있습니다. "

현재 그가 재직하고 있는 군포고등학교는 4년전 교육청으로부터 영어특성화 학교로 지정된 바 있다. 이에따라 김동권 선생 또한 3년간의 해외집중연수도 다녀왔으며 방학을 이용해 배낭여행으로 캐나다·미국·호주 등 영어권 문화의 국가들을 구석구석 다니며 몇 달씩 몸으로 체험하기도 했다. 한국에서 태어나 한국 문화와 언어 안에서 자라난 영어교사로서의 한계를 스스로 이겨내기 위한 치열한 노력이었다. 영어교육의 시범적 모델을 제시하기 위한 책임감으로 지난 4년간 밤낮으로 영어교육의 핵심에 서서 앞만 보고 달려 온 것이다.

교육적 전문 식견이 없는 원어민 교사를 채용하기보다, 젊고 유망한 한국인 영어교사들을 영어권 나라에 보내 그곳 문화와 언어를 완벽히 습득하여 현장에서 가르치도록 하는 장기적 투자가 더 필요하다고 말한다.

김동권 선생과의 만남을 통해 조기유학 없이도 내 나라, 내 고장 군포에서 자녀들이 다니고 있는 학교를 통해 영어교육이 해결 될 수 있다는 확신을 갖게 되었다.

캄보디아에
꿈과 희망을 심는 사람

㈜앙투카 대표 **김 찬 중**

믿지 않는 사람들에게 종교란, 일방적이며 독단적이라 생각할 수 있어요. 말보다는 행동으로 보여줄 수 있어야만 설득이 가능하지요. 비즈니스는 현지인과의 관계를 설정하는 가장 좋은 방법입니다. 건전하고 성공적인 삶의 형태를 보여주고 그들 자신도 가능하다는 확신을 심어주면 우리가 믿는 기독교에 대해서도 긍정적으로 바라보게 되지요.

사진 | 황문성(사진작가)

　캄보디아는 지구상에서 가장 가난한 나라로 손꼽히고 있다. '론놀'의 쿠데타에 이은 30여 년간의 내전과 혁명으로 인해 아직까지 가난과 질병, 무지로 고통받고 있는 국가이다. 우리는 이미 오랜 내전 이후 '폴 포트' 정권인 '크메르 루즈군'에 의해 한꺼번에 2백만 명이 잔혹하게 살해된 '킬링 필드'의 실상을 잘 알고 있다.

　필자는 2004년 3월부터 캄보디아의 수도 프놈펜에 들어가 그곳에서 버려진 아이들을 모아 자립할 수 있는 능력과 지도자 교육을 하고 있는 자랑스러운 군포인을 만날 수 있었다. 그가 캄보디아를 생각한 것은 당시 산울교회(구 남서울산본교회)가 벌이고 있었던 연해주, 연길지역에 있는 고려인과 조선족과 탈북자를 위한 디아스포라 운동에 참여할 때부터였다.

　"저는 대학에서 토목과를 전공하고 8년간 건축회사에 근무하다 1988년 이후

부터 이곳 군포에서 건설 회사를 직접 운영했습니다. 그러나 어느 때부터인가 남은 삶을 봉사와 헌신의 생활로 무엇인가 의미를 남기고 싶었어요. 국내에서 한 사람을 도울 수 있는 재정으로 열 명, 스무 명을 도울 수 있는 곳이 바로 저개발 국가이지요. 캄보디아는 전쟁의 파괴로 인해 건축에 대한 수요가 어느 국가보다 많은 나라입니다."

캄보디아 인구의 85% 이상이 농업에 종사하지만 관개시설은 물론 전기조차 없는 지역이 대부분이라 해마다 겪는 홍수와 가뭄으로 생계조차 잇기 힘든 상황이다.

"한 가족이 고작 우리 돈 4, 5만 원 정도로 생계를 이어나가고 있지요. 그나마 가정도 없이 버려진 전쟁고아나 편모·편부 슬하의 아이들은 가난 이상의 정신적 육체적 고통을 겪고 있어요. 저는 이들 중 고등학생 50명과 대학생 6명을 모아 학교에 보내고 먹이고 입히고 재워주면서 영어(한국어), 컴퓨터, 음악, 성경을 가르치고 있습니다."

한국교회들로부터의 지원 이외에 대부분의 건축비와 운영비는 자신의 회사 이익금으로 충당해왔다. 또한 15명의 교사들이 약500여 명의 학생들을 가르치고 있는 두 곳의 학원은 수강료로 자급자족할 수 있게 되었다. 최근 World Developement라는 NGO를 설립하여 국립기술대학 앞에 연건평 800평 규모의 센터를 건축 중이며 이곳에서 대학생들을 지원할 예정이라 한다.

이러한 확장에 대비한 재정을 마련하기 위해 작년 그곳에 한국의 전문가와 함께 봉제공장을 세웠으며, 올해부터는 고무농장에 묘목을 심기 시작했다고 한다. 이익이 늘어나면 건축·관광·무역 등으로 범위를 넓혀 앞으로 초중고·대학과 산업체가 함께하는 공동체를 세우는 것이 김찬중 사장의 다음번 비젼이라 말한다.

그래서 프놈펜 시내에 이미 5천 평의 부지를 마련했다. 대외협력본부장으로 근무하던 캄보디아 국립기술대학과 협력하여 World Development를 중심으로 산학협력의 길을 모색하고 있다.

처음부터 종교적인 색채를 띠고 선교활동을 벌인다면 타 종교인들은 물론 일반인들까지도 저항감을 갖기 쉽다. 그들이 가장 고통스러워하는 의식주와 일자리 문제를 해결해주면서 2세들을 중심으로 교육하는 것이 가장 좋은 방법이 될 것이다.

광활한 농토, 그리고 앙코르와트를 중심으로 한 거대한 관광자원, 캄보디아의 풍부한 노동력이 한국과의 경제적 교류를 통해 큰 이익을 가져다 줄 수 있다. 무엇보다 건전한 세계관의 교육과 고용을 증대시키고 기술개발과 경제 부흥이 가능하도

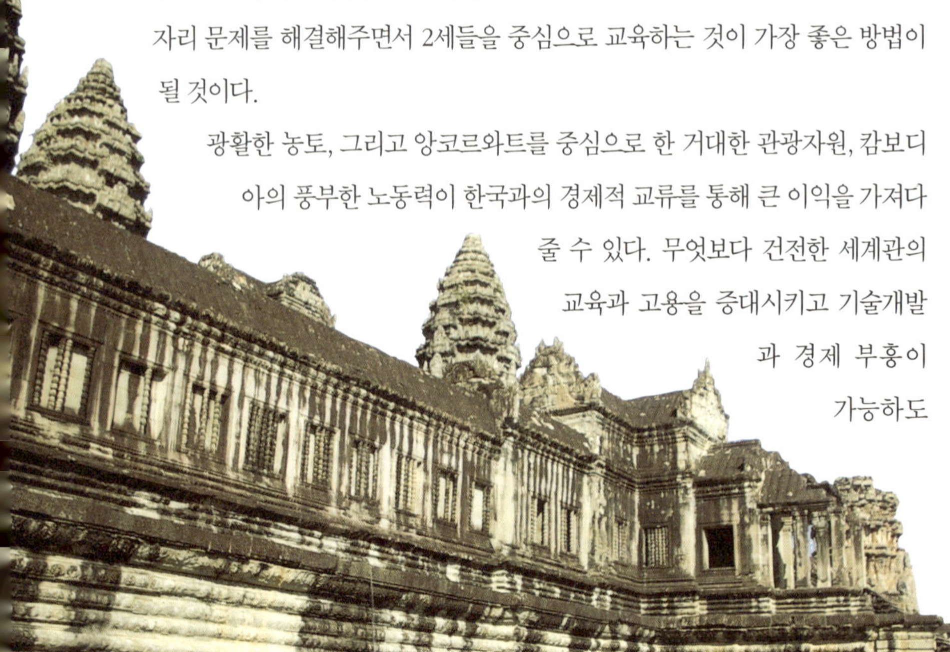

록 도와줌으로써 이들의 마음을
활짝 열수 있다는 것이 김찬중
사장의 생각이다.

현재 '인터서브'라는 비즈니
스를 통한 선교활동을 주도하는
국제전문선교기관이 선교사들
을 양성하고 있다.

그가 1998년에 설립한 회사
(주)앙투카는 지금까지 군포시
금정동에 있다. 이 회사는 직원
들의 노력으로 적지 않은 이윤을
내고 있으며, 그것으로 캄보디아

선교에 큰 역할을 감당해왔다. 그러나 더 큰 현지사업을 위해 앞으로 우리 군포
인들의 더욱 많은 관심과 투자가 필요하다며 필자와의 인터뷰를 마쳤다.

자랑스런 문화브랜드 군포 프라임 필

군포시 프라임 필하모닉 오케스트라 단장 김홍기

'군포 필'은 새로운 브랜드와 함께 제2의 성장기를 맞이하면서 뉴욕, 워싱턴, 런던 등 전 세계를 순회공연을 하는 등 국내 굴지의 오케스트라로 성장하게 되었다.

"군포문화예술회관은 규모나 시설 면에서 전국적으로 손꼽을 만한 훌륭한 공연장입니다. 8년 전 오케스트라를 군포지역으로 옮기겠다고 했을 때 처음에는 반대가 심했지만 단원들이 직접 시설을 둘러보고 모두 동의하게 되었지요. 무엇보다 당시 김윤주 전 시장님이 '문화와 예술의 도시 군포'라는 캐치프레이즈를 걸고 과감한 투자를 하신 것에 대한 답례이기도 했습니다."

김홍기 단장이 운영하고 있는 '군포 프라임 필'은 원래 1997년에 창단되어 서울 '리틀엔젤스' 예술회관에 자리를 잡고 '프라임 필하모닉 오케스트라'라는 이름으로 활동하던 민간 오케스트라단이다. 그러나 10년 전 군포문화예술회관을 개관하면서 군포시의 적극적인 유치 활동에 힘입어 '군포 프라임 필'로 변신하였다. '군포 필'은 새로운 브랜드와 함께 제 2의 성장기를 맞이하면서 뉴욕, 워싱턴, 런던 등 전 세계를 순회공연을 하는 등 국내 굴지의 오케스트라로 성장하게 되었다(한국을 방문하는 외국 유명 발레나 오페라 공연 팀을 위한 연주와,

매년 방문하고 있는 조수미와 홍혜경, 강동석의 국내 순회공연을 위한 협연도 도맡아 하고 있다).

"예전에는 연주가가 지휘하며 전체 경영까지 맡는 경우가 대부분이었지만 이제는 음악도 전문화되어 연주와 지휘, 경영이 각기 분리되어 각기 맡은 일에만 몰두할 수 있게 되었지요. 저는 클래식음악 연출가로서 대형 공연프로그램 기획이 끝나면 전국 순회공연을 위한 지휘자, 연주자, 공연장을 섭외하고 이에 대한 홍보와 마케팅을 통해 수익을 확보하는 일 등을 위한 매니지먼트회사를 운영하는 음악경영가라고 할 수 있습니다."

그도 어릴 때부터 음악교육을 받고 자라났다. 부산에서 태어났지만 초등학교 때 서울에 올라와 대광중학교 밴드부에서 바순을 연주하기 시작한 것이 평생 음악에 종사한 계기가 되었다. 음악에 대한 열정으로 고교 2학년 때 예술고로 편입, 졸업 후 한양대학에 입학했으나 장학금을 제시한 단국대학교로 옮겨가 음악대학 2기로 졸업했다. 대학졸업 후 부친이 운영하고 있는 무역회사에 근무하게 되었으나 음악에 대한 열정을 버릴 수 없어 다시 음악계로 돌아오게 된다. 최초의 음악 사업으로 서울예고 동문과 함께 '서울아트오케스트라'를 창단하여 운영하다가 5년 후 각자 독립하면서 자신 만의 '프라임 필'을 창단하게 된 것이다.

"무역업으로 번 돈을 털어 제 개인이 운영하는 오케스트라를 시작한 것이지요. 대한민국 같이 클래식음악에 대해 관심이 없는 나라에서 단원이 50명이나 되는 오케스트라에 투자한다는 것은 미친 짓이라며, 저를 알고 있는 음악인들 모두가 반대했지만 저는 꼭 이 사업을 성공해 보이고 싶었습니다."

창단 때부터 월급을 주는 상임제 단원들의 고용으로 산재, 건강, 국민연금 등 4대 보험과 상해보험에 이르기까지 일반기업체 운영 시스템을 그대로 도입했다. 가능한 많은 공연을 통해 수익을 최대한 높이면서 어쩔 수 없이 생겨나는 부

족한 예산은 문화관광부나 문예진흥원, 지자체 등의 지원금을 얻기 위해 사방 팔방으로 뛰어 다녀야 했다.

1년에 100회 이상 전국을 순회공연 하는 강행군으로 육체적인 피곤함은 물론, 대부분 단원들의 개인적 수입원이던 개인 과외레슨을 금한 것에 대한 물질적 보상 문제가 가장 큰 어려움이었다고 말한다. 이에 대한 최선의 대가는 '군포 필' 이 국내 최고의 필하모니로 성장하여 단원 개개인의 음악적 욕구를 충족시 켜 주는 방법이외에는 해결 방법이 없었다고 말한다.

김홍기 단장은 자신뿐 아니라 바이올린을 전공한 부인과 아들, 딸 네 가족 모 두가 서울예술고등학교를 졸업한 고교동창생들이다.

"지금 서울대 음대 재학 중에 독일 베를린에서 오보에와 클래식 기타를 전공 하고 있는 아들이 귀국하면 앞으로도 저를 도와 '군포 프라임 필' 을 지속 발전 계승케 하는 것이 저의 바램입니다."

군포 프라임필하모닉오케스트라 2000년 군포문화예술회관에 입주하여 지역문화 활성화를 위한 지역순회 음악회와 청소년을 위한 예술교육프로그램 등 다양한 기획 음악회를 연주함으로 지금까지 약 1,000회 이상 의 공연을 한 국내 정상급 오케스트라고 성장하고 있다. 2005년 이후 예술의 전당에서 열리는 교향악축제 에 군포시 대표로 참가하고 있으며 한국 클래식 음악계에서 확고한 위치를 인정받고 있다. 2006년에는 예 술의 전당 브런치 콘서트에 초청된 유일한 민간 오케스트라이며 '김대진과의 모차르트 스페셜' 을 5대 도시 문화예술회관에서 진행하였다. 한국문화예술위원회의 지원 대상 단체로 선정되어 전문 오케스트라로서 역 량 강화와 함께 새로운 도약이 시작되었다.

문화와 예술, 대중과의 호흡이 가장 중요……

군포예총 회장 **강 신 웅**

국내 모든 지자체들도 앞 다투어 지역 특유의 문화와 예술의 전통성을 내세우며 각종 축제와 공연 경연대회 등의 행사를 벌이고 있다. 군포시에서도 각종 축제와 다양한 문화예술 행사들이 지역 문화 예술 예능인들이 주축이 되어 수시로 열리고 있으며 이들을 총괄하는 단체가 바로 군포예총이다.

"문화와 예술은 대중과 함께 호흡할 수 있어야만 그 진가를 발휘할 수 있는 것입니다. 전통예술·순수예술만을 고집해서는 언젠가 일반대중들에게 외면당하고 말지요. 지켜야 할 정통성은 지키되 대중의 기호에 맞는 연결고리를 찾아 군포시민들에게 한발 더 다가서는 친근한 예총이 되도록 하겠습니다."

우리 대중문화가 한류의 바람을 타고 전세계로 계속 뻗어나가고 있다. TV드라마 〈대장금〉과 〈겨울연가〉 등이 한류의 바람을 일으키면서 전세계에 방영되고 있다. 중국·일본 그리고 동남아시아 대부분의 국가들이 한국의 인기가요·드라마 만을 전문으로 방영하는 유선방송 TV채널을 가지고 있을 정도이다.

국내 모든 지자체들도 앞 다투어 지역 특유의 문화와 예술의 전통성을 내세우며 각종 축제와 공연·경연대회 등의 행사를 벌이고 있다. 군포시에서도 각종 축제와 다양한 문화예술 행사들이 지역 문화예술 예능인들이 주축이 되어

수시로 열리고 있으며 이들을 총괄하는 단체가 바로 군포예총이다.

지난 2월 16일, 5대 군포예총 회장으로 취임한 강신웅 회장은 사단법인 한국 문화예술문화단체 총연합회의 군포시 지부를 대표하면서 국악, 무용, 문학, 미술, 연극, 연예, 음악 모두 7개 분과의 모든 회원들을 이끌고 있다. 그동안 군포예총이 창설된 후 문학과 클래식음악을 대표하는 인물들이 회장단으로 단체를 이끌어 왔다. 그런 연유로 이번 대중음악을 전공한 연예협회 출신이 회장으로 취임했다는 사실은 모두의 호기심을 끌고 있다. 기타리스트로 활약했으며 현재 대중음악 작곡가로서 'DOOIL 21' 이란 기획사에 소속되어 있는 강신웅 예총회장을 만나 보기로 했다.

"우연히 형이 가지고 있던 낡은 중고(中古) 통기타 줄을 튕겨 본 순간 온 몸에 전율을 느꼈어요. 그 때부터 기타는 저의 운명이 되고 말았지요. 서울 여의도고등학교 2학년 시절 '델타스' 라는 그룹사운드를 결성해서 안양시민회관에서 공연도 했어요. 대학에서도 음악을 전공하고 싶었지만 부모님의 반대로 어쩔 수 없이 한양대학교에서 불문학을 전공하게 되었습니다."

그러나 타고난 '딴따라' (당시 연예계사람들을 빗대서 한 말)로서의 재능과 열정은 버릴 수 없었다. 대학 2학년, 전두환 정권시절 군대에 입대한 그는 '문선대(문화선전부대)' 로 파견근무하면서 전국에 분산되어 있는 모든 군부대를 순회하며 위문공연을 갖게 되었다.

"최전방 고지에 있는 군부대를 방문해 무거운 음악 장비를 들고 한 여름, 땀을 뻘뻘 흘리며 산꼭대기까지 걸어올라 갈 때는 정말 죽을 맛이었어요. 그러나 삼팔선 너머 북한을 향해 서있는 대형 확성기를 통해 울려 퍼지던 나의 신나는 기타연주 소리에 그 동안의 모든 노고를 한순간에 날려 버리는 멋진 쾌감을 느꼈지요."

강신웅 회장은 대학졸업 후 제2 외국어인 불어를 전공해 받은 교원 자격증 덕

에 인천 부평여고 교사로 발령을 받았지만 결국 포기하고 가난한 기타학원 강사로 생계를 이어갔다. 마침 그 당시 활약하고 있던 〈벗님들〉 중 한 사람이 그만두게 되어 정말로 운 좋게 멤버 중 제일 막내로 이 그룹에 합류하게 된다. 곧이어 '짚시여인' '사랑의 슬픔' 두 곡이 대박을 터트리면서 전국적으로 매스컴을 타게 되고 전국순회공연과 함께 매일 밤무대를 뛰는 정신없는 세월을 보내게 된다.

"마치 꿈을 꾼 것만 같았어요. 정신없이 불려 다니던 공연무대, 몰려오는 오빠 부대, 쏟아지는 팬레터, 조명을 받으며 밤새 기타를 쳐대야 하는 새파란 26세의 젊은이가 바로 저 자신이었지요."

그러나 리드싱어인 이치현 선배가 솔로를 선언하면서 3년도 채 못가 그룹은 해산되고 말았다. 이후 다른 그룹에서 활동하기도 했지만 기타연주 실력 만으로는 한계가 있다는 사실을 절감하고 '재즈(Jazz)' 이론전문가 장광철 선생을 모시고 2년간 작곡 공부를 시작하게 된다.

93년에는 일본으로 건너가 동경에 있는 쇼비(尙美)대학에서 5년간 어학과 함께 본격적으로 작곡 공부를 계속했다. 귀국 후 계속 연예 활동을 하면서 2005년 단국대학 대중문화예술대학원에 입학해 공연예술학 석사 학위를 따게 된다. 아직도 연예인들은 음악적 이론도 없이 그저 타고난 감각과 재능만으로 돈을 번다는 시각도 많다. 그러나 강신웅 회장은 과거 최고 기타리스트로 대중음악을 무대에서 연주한 경험과 함께 정규대학에서 학문적 이론을 겸비한 대중음악 전문가로서의 강한 자부심을 가지고 있다. 강 회장은 군포시에서 음악문화 활성화를 위해 국악과 접목한 전국적 규모의 대중음악 가요제를 열겠다는 야심찬 계획을 가지고 있다.

"아울러 국악과 비보이의 만남, 재즈음악과 클래식의 만남 등 고전과 현대가 어우러지는 새로운 형태의 음악인 퓨전음악의 장을 열어 나갈 것입니다. 군포 시민 모두에게 가까이 다가가 시민들의 마음을 편안하고 즐겁고 감동케 하는 공연을 하며 행복한 웃음꽃을 선사할 수 있는 군포시 예총이 될 수 있도록 최선을 다 할 것입니다."

댄스 스포츠로
치명적인 암을 이겨내다

댄스 스포츠 강사 **강은하**

스포츠 댄스를 한 시간 추게 될 때 성인이 하루 필요한 2천 칼로리 중 30% 이상을 소모하게 된다. 이것은 오천 보를 걸은 효과와 같다. 그리고 빠른 음악에 맞추어 남녀가 함께 추는 경쾌함 때문에 엔돌핀이 샘물처럼 솟아난다. 아마 현대인의 스트레스 해소에 이보다 좋은 것은 없을 것이다.

한국인들은 가무를 즐기는 민족이라고 한다. 언제 어디서나 여러 사람들이 모여 흥이 나면 함께 노래를 하고 춤을 춘다. 언제부터인가 우리 사회에 노래방이란 것이 생겨나 전국민 모두 가수가 된 것처럼 노래를 잘부른다. 그러나 요즈음 더 한층 업그레이드된 새로운 바람이 불고 있다. 지난 5~6년 전부터 각종 댄스 붐이 일고 있는 것이다. 이에 따라 댄스도 스포츠의 한 분야로서 남녀노소 누구나 함께 즐길 수 있다는 긍정적인 이미지가 확산되고 있다.

이제는 댄스학원 뿐만 아니라 시청 · 동사무소 · 문화센터 · 여성회관, 아니 초중고 정규학교에 이르기까지 춤을 가르치고 있어 댄스인구가 급증하고 있다. 한국인들의 흥겨운 잔치 모임에서 음치가 사라진 요즈음, 춤을 출 줄 모른다는 몸치들도 설자리를 잃고 있는 것이다.

필자는 계속된 암 수술의 재발 위험과 허약한 체력으로 살림까지도 포기해야

제2회 포천시장배
아마추어 댄스스포츠
장소 :
:30~20:00 ▶ 장소:포천종합
천
포천시

했던 한 전업주부가 댄스를 배우게 되면서 건강을 되찾게 되고 새로운 삶을 시작할 수 있었다는 강은하 강사를 만나보았다.

"우선 댄스는 즐겁게 운동을 할 수 있다는 것이 가장 큰 장점이에요. 헬스클럽의 러닝머쉰에서 몇십 분 씩 힘들게 뛰는 것보다 음악과 함께 리듬에 맞추어가며 춤을 추는 것이 훨씬 즐겁고 효과적인 운동이 될 수 있기 때문이지요. 에어로빅처럼 격렬하지도 않고 온몸으로 유연하고 똑바른 자세로 춤을 추기 때문에 남녀노소, 특히 노약자들에게 좋은 스포츠 입니다."

30대 초, 강은하 강사는 젊은 가정주부로 난소암이란 치명적 선고를 받고 수술을 마친 후 육체적으로나 정신적으로 절망 상태에 빠져 버렸다. 아파트 계단을 오르내릴 힘이 없어 늘 집안에만 갇혀 있다 보니 자신도 모르게 우울증에 빠지게 되었다. 온갖 몸에 좋다는 보약도 다 먹어보고 헬스클럽에도 나가 운동도 해보았지만 오래가지 못하고 매번 포기하고 말았다. 그러던 어느 날 아침 우연히 KBS-TV '아침마당' 프로에서 30대 젊은 사람들 이상의 체력을 유지하고 있다는 70세 노(老) 화가 부부가 직접 보인 스포츠댄스 시범을 보고 춤을 배우기로 결심했다.

남편도 그녀의 결심에 기꺼이 찬성했다. 가까운 댄스학원으로 가서 바로 등록을 했다. 당시 1994년만 해도 댄스는 서로 모르는 두 남녀 간의 은밀하고도 향락적인 오락이라는 부정적 이미지이었기에 여자 혼자서 학원을 찾는다는 것에 큰 용기가 필요했다. 그러나 시작한지 얼마 되지 않아 춤이 자신의 적성과 체질에 너무나 잘 맞는다는 사실에 자신감을 얻게 되었다. 음악이 있고 율동이 있고 춤을 추는 파트너와의 호흡이 일치되면서 느끼는 상쾌함 때문에 자신의 병을 생각할 시간조차 없이 하루 종일 춤을 추어도 피곤한 줄 몰랐던 것이다.

댄스에 대한 이러한 열정으로 불과 일 년 만에 한국실용댄스연맹이 주최한 라틴 3종목에 출전해 학생대표로 당당히 1위를 차지하는 영광을 안게 되었다. 이때 그녀가 되찾은 것은 잃었던 건강 뿐만 아니라 삶에 대한 확실한 자신감이었다고 말한다.

"대회에서 입상을 하자 댄스 강사가 되기로 마음 먹었어요. 그리고는 각종 대회에 참여하는 선수로서 본격적인 지도자 수업을 받기 시작했지요. 원장 선생님의 격려가 큰 힘이 되었습니다. 1997년 대한댄스스포츠지도자연합회가 주최한 대회에서 2위로 입상하게 되면서 저는 정식 강사자격증을 획득하게 되었지요. 저는 지금 대학을 다니는 딸과 아들을 두고 있는 주부이자 댄스강사입니다. 매일 바쁜 스케줄 속에서도 피곤하다고 느낀 적이 별로 없어요. 제가 좋아하고 사랑하는 춤이 있기 때문이지요. 댄스로 인해 저는 건강한 삶을 되찾았기에 이렇게 재미있고 건강에 좋은 댄스를 배우지 않는 사람들을 보면 너무 안타까운 생각이 들어요."

실제 스포츠 댄스를 한 시간 추게 될 때 성인이 하루 필요한 2천 칼로리 중 30% 이상을 소모하게 된다. 이것은 오천 보를 걸은 효과와 같다. 그리고 빠른 음악에 맞추어 남녀가 함께 추는 경쾌함 때문에 엔돌핀이 샘물처럼 솟아난다. 아마 현대인의 스트레스 해소에 이보다 좋은 것은 없을 것이다.

"어두운 실내에서 느린 음악에 맞추어 퇴폐적인 모습으로 남녀가 엉켜 추는 것은 스포츠댄스가 아니에요. 스포츠댄스는 1995년 정식으로 국제올림픽위원회의 승인을 받은 '공식 스포츠' 입니다. 그리고 온몸으로 표현하는 무용의 한

분야로서 '움직이는 예술'이기도 하고요."

　그녀는 지금 산본 중심상가에 있는 정무무도학원의 지도강사이며 군포시 문화센터와 여성회관·자치센터·학교에서 스포츠댄스를 가르치고 있다. 필자 부부도 군포문화센터에서 3년 가까이 스포츠댄스를 배우고 있다. 경쾌하고 빠른 템포의 라틴댄스를 배우려고 시도했으나 워낙 몸치라고 생각되어 몇 번이나 포기하려는 생각을 했지만 지금은 스포츠 댄스를 계속할 수 있다는 그 자체만으로도 크나큰 성취감을 느끼고 있다. 생활이 어렵고 힘들수록, 나이가 들면 들수록 우리는 자신만의 즐거움과 개성을 발휘할 수 있는 세계를 찾아야 한다. 댄스로 자신의 삶을 바꾼 강은하 강사야 말로 이를 실천한 가장 훌륭한 산증인인 것이다.

도자기는 자기 자신을 흙으로 빚어내는 예술

도예가 **고광순**

도예는 건강한 정신적·육체적 활동을 요구하는 종합 예술이다. 그리고 독창적인 미적 감각과 많은 인내심을 필요로 한다. 군포지역에도 5, 6개의 도예 공방이 있으며 군포여성회관에도 도자기반이 있다. 그만큼 문화 예술의 생활화와 전문화가 우리 군포시에서 이루어지고 있는 셈이다.

"도자기는 손으로 직접 무엇인가 만들어내는 공예의 한 분야이지요. 물레 위에 올려놓은 흙이 돌아가면서 자신의 손에 의해 만 가지 형태로 빚어지는 그 과정은 정말 놀라워요. 원하는 형태로 빚어진 작품을 건조시키고 가마에 넣고 열을 가해 초벌 후 유약을 바르고, 가마에 넣고 다시 고열을 가합니다. 이 모든 신비한 과정 중에 자신도 모르게 흙과 몸과 마음이 하나가 되는 몰입을 체험하게 되지요."

고광순 대표는 1993년 서울에서 산본 신도시 7단지로 이주해왔다. 2000년 어느 날 갈치저수지 부근을 남편과 함께 걷던 중 한 도예교습소를 발견한 이후 운명적으로 도예가의 길을 가게 되었다고 한다.

대학에서 미술을 전공하고 싶었지만 가정 형편을 생각해 교육대학에 입학했다. 졸업 후 초등학교 교사로 5년간 재직하고 결혼 후 두 아이를 키우는 중에도

틈틈이 염색공예나 도예를 배웠다. 그러나 이에 만족할 수 없어 마침내 둘째가 중3이 되던 해 서울 단국대학교 사회교육원에 입학을 결정한다. 일반 주부가 가질 수 있는 단순한 취미의 수준이 아니라 정식 도예가로서의 학문적인 이론과 함께 보다 완벽한 기능을 익히기 위한 새로운 도전의 시작이었다. 이곳에서 도예전공학점을 모두 이수한 후 정식으로 단국대학교 일반대학원 도예학과에 입학해 2년간의 석사과정을 마치게 되었다.

군포에서 한남동까지 통학해야 하는 어려움과 살림을 돌보는 40대 주부의 분주함 뿐만 아니라 젊은 대학원생들과 함께 졸업논문을 준비할 때에는 밤낮을 잊고 작업에 몰두해야 하는 힘든 과정이었다. 그러나 육체적으로는 힘들었지만, 몸과 마음이 하나가 된 몰입상태로 인해 오히려 정신적 건강을 회복할 수 있었다고 말한다.

"당시 저는 도예에 빠지지 않았다면 우울증에 걸릴 정도로 힘든 상황에 있었어요. 그러나 몸과 마음과 상상력까지 하나가 되어 작업을 하는 순간만큼은 모든 일에서 해방되는 자유로움을 느낄 수 있었기에 그 위기를 무난히 넘길 수 있었던 것이지요."

도예를 시작한 이후 가장 큰 이벤트이었던 2006년 11월 15일, 서울 인사동 경인미술 〈제1회 고광순 도자전〉에 앞서 박종훈 도예학과 주임교수는 이렇게 그녀를 평했다.

―그녀가 만든 장군의 형태는 정말 재미있다. 만드는 과정도 한 번에 만들어지지 않는다. 네 조각의 조합이 잘 이루어져야 제 맛이 난다. 삶도 마찬가지로 여겨진다. 한 부분만 잘해서는, 인생도 조화롭지 못하다. 다 잘하면서 살고 싶은 것이 소망이다. 고광순은 그렇게 살고 싶은가 보다. 다 잘하고 싶어 한다. 만학의 기쁨을 작업에 쏟아 놓는 그를 보면서 공부의 멋을 느낀다. 하고 싶은 일을 할 때 자유를 얻는다. 자유를 누리는 고광순은 그냥 흙을 멋있는 삶으로 풀어내는 작가가 되리라 확신한다.

이런 도예에 대한 그녀의 열정은 사발공모전, 관악현대미술대전, 행주미술대전 등에서 입선하는 좋은 결과를 낳았으며 한국도자기학회, 국제차문화대전, 도래미, 토요모임, 단웅회 등이 주최한 다수의 단체전에 참가하는 경력을 쌓게 되었다. 모든 예술 분야가 그러하듯 도예 분야도 유명작가인 몇 몇 사람을 제외하고는 자신이 투자한 경제적 시간적 보상을 제대로 받지 못한다. 근래에 이르러 산업화로 인한 값싸고 질 좋은 생활자기가 공장에서 대량 생산되는 까닭에 더욱 그러하다. 그러나 1970년 이후 전통공예에 대한 관심이 높아지고 국가적인 차원으로 광주 이천 여주 등지에서 세계도예 EXPO가 열리게 되면서 일반인들의 관심을 끌기 시작했다.

"최근에는 고급음식점이나 상류층 가정에서는 식기나 장식품을 도예가의 작품으로 대체하면서 생활의 품격을 높이고 있어요. 자신의 손으로 만든 생활자기가 쓰이고 장식되어질 때에 더욱 큰 만족감을 얻게 됩니다. 도자기를 만드는 인구가 매년 늘어나고 있어요. 생활의 활기와 자신의 예술적 취향을 발휘하기 위해 많은 주부들이 도자기를 배우고 있답니다."

도예는 건강한 정신적 육체적 활동을 요구하는 종합 예술이다. 그리고 독창적인 미적 감각과 많은 인내심을 필요로 한다. 군포지역에도 5,6개의 도예 공방이 있으며 군포여성회관에도 도자기반이 있다. 그만큼 문화 예술의 생활화와 전문화가 우리 군포시에서 이루어지고 있는 셈이다.

지난 7월 산본 신도시 11단지 주공상가 1층에 오픈한 솔향도예스튜디오(031-392-5243)는 40대 주부의 만학이 가져 온 결실이기에 고광순 대표의 그 집념에 더욱 더 큰 의미를 부여하게 된다.

소시민, 택시기사에서 시의회 의장까지

前 군포시개인택시조합장 **권 원 혁**

택시 영업을 하는 동안 택시 안에서 만난 승객들과의 대화에서 시정관계에 대한 불만과 시정해야 할 자료들을 수집하는데 큰 도움이 되었다고 한다.

지난 40년 택시운전을 해왔으며 그중 12년 간은 군포시 시의원(군포1동)을 겸업하면서도 하루도 운전대를 놓은 적이 없었다. 가방끈도 짧고 뭉칫돈도 없는 평범한 소시민이 군포시의회에서 3선의 시의원으로 활동해온 것에 대하여 권원혁은 누구보다 강한 긍지를 가지고 있다. 무엇보다 군포와 안양지역에서 만은 최고 교통 전문가라는데 더 큰 자부심을 갖고 있다.

"개인용달과 화물차도 몰아 보았습니다. 그러나 85년 다시 개인택시를 하면서 택시 조합의 총무 일을 보았고 89년 군포가 시로 승격되던 해 조합장으로 피선되었지요. 그 당시 우리나라 교통사고율과 사망률이 세계 최고라는 사실이 국내 매스컴을 통해 알려지자 전문운전기사로서 정말 수치스러움을 느꼈어요. 이것은 한국인 운전자들의 부주의가 가장 큰 원인이겠지만 무엇보다 대한민국의 불합리한 교통신호체계와 불량한 도로환경 등 대한민국 교통행정에 근원적 책임이 있다고 생각했습니다. 비록 한 사람의 개인운전자이지만 이를 시정해 보고자 행정기관 교통담당 책임자를 만나기 위해 매일 열심히 뛰어다녔지요."

특히 재개발이 되지 않은 구도시 당동 밀집주거지역과 공단 주변의 좁고 굴곡이 많은 골목길을 많은 차량들이 질주하며 어린이들의 생명을 위협하고 있었다. 이러한 위험지역에는 신호등을 설치하거나 방지턱을 세워 과속을 막아야 하는 데도 경찰서나 시청 교통과 직원들은 이런 문제점을 거의 무시하고 있었다. 대부분의 공직자들은 보직을 받은 후 1~2년도 안 되어 다른 부서로 옮겨가기 때문에 짧은 기간 힘들고 복잡한 일에 관여하기 싫어 하기 때문이었다.

"이러한 공직자들에 대한 한계를 느끼게 되면서 시의원이 되기로 결심한 것이지요. 시의원과 시의장으로 지난 12년간 시의회 일을 하면서 공무원들의 보직순환이라는 전통적 인사관행이 이들의 발목을 잡고 있다는 사실을 알게 되었습니다."

과거 공직자들의 부정부패를 막기 위해 만든 제도가 지방자치제가 되면서 마음대로 공무원을 해고 징계할 수 없게 되자 단체장들이 순환보직이란 인사권한을 부하 직원을 통솔하는 수단으로 대신하게 되었다. 이러한 잘못된 공직자 시스템을 바꾸지 않는 한 국가경제가 살아 날 수 없다고 그는 단언한다.

"공직자들의 전문성 없는 무성의한 정책으로 막대한 예산이 낭비되고 있는 것을 많이 보았습니다. 예산 부족을 핑계로 구도시 지역주민들의 숙원사업은 뒷전으로 돌리면서 사람들이 많이 모여드는 산본 중심상가 주변은 수시로 재단장하고, 자전거 도로와 보도블록을 뜯어내고 폐기할 때마다 시민들의 혈세가 물처럼 새어나가 버리지요. 과거 어떤 단체장은 관계자들과 골프를 치면서 세금으로 해외여행을 하고, 일부 공직자들은 여전히 업자들과 연계해 배를 채우고 있는 현실에 안타까움을 느꼈습니다."

택시 영업을 하는 동안 택시 안에서 만난 승객들과의 대화에서 시정관계에 대한 불만과 시정해야 할 자료들을 수집하는데 큰 도움이 되었다고 한다.

"심각한 불경기로 인해 대부분 영세 자영업자들이나 택시기사들도 하루 5만

원 수입을 집에 가져가기 힘듭니다. 직장을 잃고 술에 만취해 탑승한 어느 30대 승객이 자살을 하겠다며 심한 술주정을 부리더군요. 그래도 끝까지 귀기울여 들어주고 달래며 목적지까지 안전하게 태워다 주었지요. 차에서 내릴 때 그가 새로운 희망을 가지고 살아가겠다는 말과 함께 감사하다는 인사말을 남긴 순간 정말 보람을 느꼈습니다."

군포시 개인택시조합은 현재 모두 433명의 조합원이 등록되어 있다고 한다. 이들은 모두 개인사업자들이기 때문에 그가 부가가치세나 특별소비세 등 세금보고나 주소지 이전 등 행정업무를 대행해 주고 있다. 그리고 운전자들과 관련되어 있는 교통에 관한 법령이나 군포시행정과 관련된 부분을 대변하거나 군포시 거주 독거노인, 장애인들을 위한 차량봉사와 목욕봉사를 정기적으로 시행하고 있다.

힘써 일해왔던 택시조합의 일 뿐만 아니라 금년에 환갑을 맞이한 그가 지난 2월 19일 대학 졸업장을 갖게 된 것은 우리 모두에게 잔잔한 감동을 준다. 평점 4.27의 우수한 성적으로 졸업식장에서 대림전문대학으로부터 공로상을 수상했다. 도시교통학을 가르치는 대학이 부근에 없어 도시생활과 밀접한 부동산학과를 선택했었다고 한다.

"젊은 학생들에게 큰 아빠라는 소리를 자주 들었습니다. 기억력에 자신이 없어 심한 압박감을 느꼈지만 3~4배 더 노력하겠다는 결심으로 공부하니 이제는 자신감이 생겼어요. 팔순이 넘으신 부모님에게 A학점 성적표를 보여드리자 좋아하시는 모습을 보고 힘들었던 만큼 정말 보람을 느꼈지요. 고등학교 졸업 후 40년 만에 학교에서 시험을 보았다는 감동으로, 교수님에게 부탁드려 채점한 시험지를 돌려받아 기념으로 집에 잘 보관하고 있답니다."

영원한 서민으로 서민을 대표하여 서민들의 권익을 위해 열심히 일하며 공부하고 있는 군포시 터줏대감 권원혁 전 조합장에게 많은 군포시민들은 뜨거운 격려의 박수를 보내고 있다.

연봉 1억 원, 평범한 가정주부의 성공이야기

재무상담사 권 혜 옥

보험은 불확실한 시대를 사는 우리들에게 필수불가결한 것이지만 문제는 자신에게 적합한 것으로 올바른 선택을 해야 하는데 있다. 재무상담사는 부자들을 위한 세금감면이나 절세, 그리고 연령에 따른 투자대책 등의 필요한 컨설팅을 해준다.

일류대학을 나온 재원도 아니고 특별한 기술이나 예능이 있는 것도 아니다. 영화배우나 패션모델처럼 뛰어난 미모도 아니며 장사를 잘해 돈을 벌어본 적도 없다. 처녀시절 몇 년간 직장생활을 해본 경험밖에 없는 평범한 가정주부가 지금 억대의 연봉을 받고 있다. 이 사람은 삼성생명 산본지점에서 일하고 있는 권혜옥 재무상담사(Financial Consultant)로, 보험업계에서 억대의 연봉을 받는 사람들의 모임인 MDRT(Million Dallar Round Table)의 한 멤버이기도 하다.

필자는 그녀를 통해 성공의 지름길은 오로지 노력과 성실 뿐이라는 사실을 새삼 확인할 수 있었다. 그녀의 외모와 성격에서 세일즈맨들 특유의 세련된 용모나 달변의 말솜씨도 찾아 볼 수 없었다. 그녀는 오로지 난관에 부딪쳐도 결코 포기하지 않는 인내심과 성공한 자신의 모습을 끊임없이 되새기며 순간순간 최선을 다해 노력해 온 것뿐이라고 말한다.

"충남 서산에서 태어났어요. 처녀 시절 서울 강남에 있는 작은 회사에 근무하다 지금의 남편과 사내결혼하면서 1987년 3월 시댁이 있는 군포로 내려와 당동 우체국 부근에서 살림집을 꾸몄지요. 당시만 해도 군포지역은 논과 밭이 대부분인 가난한 농촌지역 같아 눈물이 쏟아졌어요. 방 한 칸에 부엌뿐인 작은 집에서 어렵게 두 아이를 키우던 중 마침 이웃에 살던 삼성생명 팀장의 소개로 만난 멋진 여소장님의 성공적인 모습을 보고 입사를 결심하게 되었지요."

평소에 별로 말도 없고 활동적이지 못한 그녀의 성격을 내세워 주위사람들 모두가 만류했지만 그러기에는 너무 늦어버렸다. 삼성생명 보험설계사로서의 삶이 시작된 것이다.

"정말 후회도 여러 번 했지요. 또 실제로 그만둔 적도 있었던 것은 그만큼 힘들었기 때문이지요. 아침 6시에 일어나 남편과 아이들 뒷바라지를 끝내고 오전에는 걸어서 군포공단 주변을 누비며 다녔어요. 점심은 집에 와서 먹고 오후부터는 당동지역 모든 상가와 주택을 가가호호 방문했지요. 그러나 이러한 노력에 비해 제 손에 돌아오는 수익은 불과 한 달에 몇십만 원 밖에 되지 않았어요."

육체적인 피곤보다 아이들을 떼어놓는 일, 보험설계사에 대한 잘못된 인식, 계약파기에서 오는 좌절감, 동료들과의 성격차이에서 오는 따돌림이 더 힘들었다고 한다. 그러나 회사의 새로운 방향 설정으로 보험설계 뿐만 아니라 은행대출문제와 재무 분석 및 보장상태분석을 상담해주는 방식에 중점을 두기 시작하면서 크게 도약하는 전기를 맞게 된다. 안산의 시화공단을 주로 공략하던 중 큰 공장과 기업체 출입도 하게 되고 가입고객이 지속적으로 연결되면서 직장 안에서 크게 인정을 받게 된 것이다. 수익도 대폭 늘어나 그녀는 입사 1년 만에 팀장이 되었다.

보험은 불확실한 시대를 사는 우리들에게 필수불가결한 것이지만 문제는 자신에게 적합한 것으로 올바른 선택을 해야 하는데 있다. 재무상담사는 부자들을 위한 세금감면이나 절세, 그리고 연령에 따른 투자대책 등의 필요한 컨설팅을 해준다. 또한 금융세일즈는 다단계 판매나 홈쇼핑 채널과는 다르다. 확실한 고급정보에 따른 높은 수익을 원한다면 최고의 금융전문가에게 그만큼의 대가를 더 지불해야 하는 차별성이 있기 때문이다.

"저에게는 어떠한 특별한 세일즈 기법이나 테크닉은 없어요. 단지 고객에게 불편을 주거나 강요를 하지 않는다는 것 뿐입니다. 고객이 스스로 선택할 때까지 기다리지요. 저는 월급이나 수익을 위해서가 아니라 새로운 인간관계에 대한 즐거움과 내 직업에 대한 만족감으로 아주 행복하게 일하고 있습니다."

그녀는 지난 20년간 자신에게 외조를 해 준 남편과 두 아이들에 대한 자랑을 빼놓지 않는다.

"큰 딸 아이는 현재 일본 동경의 와세다대학교 교육학과에 재학하고 있어요. 고등학교 2학년 때부터 스스로 일본대학에 가겠다는 결심을 하고 일본수능수험에 도전하기 위해 방과 후 강남의 학원까지 매일 통학한 끝에 입학허가를 받게 되었지요. 둘째 딸아이도 용호고등학교에서 항상 전교 10등 내외의 성적을 보이고 있어 제대로 돌봐주지도 못하는 엄마를 미안하게 만들고 있어요. 정말 감사한 일이에요."

자신의 삶에 성실하게 최선을 다하는 부모에게 자녀들은 그만큼의 보답을 한다. 오늘도 필자는 또 한 명의 좋은 친구를 얻었다. 그녀에게서 또 하나의 삶의 지혜와 모범을 찾을 수 있었기 때문이다.

튼튼하고 활기찬 도시,
내 고향 군포시

군포시장 노 재 영

하늘로 날아 올라가는 애드버룬처럼 위를 바라보며 끊임없이 노력한다면 반드시 이루어 질 수 있다는 확신으로 일해 나갈 것입니다.

3대 째 군포지역에서 뿌리를 내리고 살아온 그가 고향의 발전을 위하여 또 다시 높고 푸른 비상의 날개를 펼치고 있다. 지금까지 살아온 그의 삶은 특별한 감동을 준다. 그가 군포시 시장이 된 것은 결코 우연이 아니다. 태어나 자라온 내 고향 군포를 위해 평생을 앞장서서 땀 흘려 일해 온 원주민의 한 사람으로서 남다른 깊은 애착의 역사가 있었기 때문이다.

구한말, 충청북도 음성 진천 지방에서 살던 할아버지는 한학자이자 천주교 신자였다. 당시 천주교에 대한 탄압이 극심해져 할아버지는 군포지역으로 피신해 왔다고 한다. 어머니가 집에서 농사를 짓고 아버지는 전국의 공사판을 찾아 떠돌아다니는 노동자였다. 집안의 기둥으로 책을 읽고 글을 가르치며 신앙을 고집하던 할아버지의 영향으로 어릴 때부터 성당 주일학교를 다니기 시작했다.

초등학교 시절, 반장이었던 그는 새벽 6시부터 일어나 동네를 청소하고 농사일을 도우며 지역 가꾸기 운동을 몸으로 실천했다. 중학교 시절부터 4H클럽 활동을 시작했으며 글을 읽고 쓰는 것을 좋아해 중고등부시절 성당회보에 글을

쓰고 이것을 수작업 인쇄를 하기위해 친구들과 함께 밤을 새우기도 했다. 안양 공고 기계과를 졸업했으나 작가가 되려는 희망을 가지고 경기대학교 국문과를 지원했다.

대학생활 중에도 성당 청년부 활동에 더욱 적극적으로 참여했다. 1970년 초 기부터는 본격적으로 고등학생과 대학생 중심으로 써클을 만들어 군포지역을 중심으로 '우리 고향 군포 잘살기 운동'을 펼치기 시작한다. 이때부터 지역봉 사·농활·여름캠프·축제·체육대회·시낭송대회 등 갖가지 봉사활동과 행 사를 벌이며 애향심을 불러일으키는 운동을 앞장서서 펼쳐 왔다.

ROTC 3기 출신으로 생활전선에 뛰어들기 위해 문학을 향한 꿈을 결국 포기 해야만 했다. 안정된 직장을 갖기 위해 기술을 배운 후 에너지 관리사와 환경 관 리사 자격증을 땄다. 3년간의 직장생활을 경험한 후 독자적으로 회사 설립을 결 심, 건축설비사업에 뛰어들어 성공한다. 평소 그의 지역사랑 봉사정신과 일편 단심 지역사랑을 잘 알고 있는 친지들은 제도권에 들어가 본격적으로 군포시를 위해 일할 것을 권유했다.

군포지역 친지들의 지속적인 권유와 후원으로 마침내 1995년 지방자치제의 새로운 출범과 함께 초대 시의원으로 출마해 당선되는 영광을 안게 된다. 이러 한 기쁨은 잠시 가장 절친했던 친구의 빚보증을 과도하게 떠안은 탓으로 자신 의 개인 사업체는 한 순간 파산하게 되었다. 모든 재산을 한 푼 없이 날려버린 것은 물론 남은 빚마저 떠안게 된 그는 샌드위치 판넬로 된 임시 거처에서 7년 간이나 혹한의 추운 겨울을 보내야 했다.

"그러나 없는 가운데에서도 저희 집은 항상 사람들로 문전성시를 이루었습니 다. 친화력이 저의 가장 큰 무기라고 생각했으니까요. 집사람은 힘든 직장생활 을 하는 가운데에서도 장 보고 밥 해주는 일을 게을리 한 적이 없었지요. 저는 이익을 따지는 것에 대해 둔감합니다. 바위 밑에 깔려도 조금도 내색하지 않는

성격이지요. 이러한 저를 착한 바보라고 놀리는 사람도 있었지만 이들 고향친
구들의 도움이 없었다면 지금 이 자리에 서 있지 못했을 것입니다."

어려운 일을 만나서야 누가 진정한 친구인지 알게 되었으며, 어려운 일을 많
이 겪을수록 더욱 강한 내공이 생겨나 지금까지 버텨 올 수 있었다는 말에서 그
가 살아온 역경을 짐작할 수 있었다.

그러나 2002년 경기도 도의원으로 당선되고 재기에 성공하면서 또 하나 생의
결정적 전환점을 맞이하게 되었다. 2006년 11월, 한나라당 후보로 군포시장선
거에 도전함으로 예상을 뒤엎은 많은 표 차이로 당선의 영예를 안게 된 것이다.
노무현 정권의 퇴진과 한나라당의 약진, 그리고 설비 토목회사를 운영했던 CEO
로서의 경영능력과 시의원과 도의원으로서의 행정경험이 시민들로부터 인정을
받은 것이다.

지난 2년간 군포시장 재임기간 중 일반 시민들로부터 성실하고 부지런한 시
장이란 평가를 받고 있다. 또한 그를 잘 알고 있는 지인(知人)들은 지극히 인간
적 호인으로 이웃을 위해 희생하며 살아가는 성실성과 진실성을 가진 몇 안 되

는 사람들 중 한 명이라 말한다.

"이제 제 몸과 마음을 다해 군포시를 튼튼한 도시, 활기찬 도시로 만드는 일만 남아 있습니다. 선거 당시 공약했던 모든 사항들을 공직자들과 함께 하나씩 점검해 나가면서 전국에서 가장 살기 좋은 도시로 만들기 위해 최선을 다하고 있습니다."

앞으로 군포시는 금정역·군포역·대야미역 주변 등의 역세권과 당정공단지역을 재개발할 것이며 경기도 도립공원을 유치함으로 대규모 환경도시로 발돋움할 것이다. 반월호수와 갈치저수지 주변을 관광단지화하고, 아이부터 노인들까지 모두가 영어회화를 할 수 있는 영어테마도시로 변하게 될 것이라는 대략적인 플랜을 필자에게 설명해 주었다.

"군포시는 저의 조상들이 뼈를 묻은 곳이며 손자 손녀들이 살고 있는 제 고향입니다. 저는 태어나 단 한 번도 군포를 떠나 살아 본 적 없습니다. 군포시민 모두의 염원을 풀어드리는 것이 마지막 소원입니다. 하늘로 날아 올라가는 애드버룬처럼 위를 바라보며 끊임없이 노력한다면 반드시 이루어 질 수 있다는 확신으로 일해 나 갈 것입니다."

28만 군포시민을 대표하며 700여 명의 공직자를 이끄는 수장으로서의 그의 염원이 이루어지기를 필자도 함께 소망한다. 그것이 바로 우리 군포시민 모두의 바람이기 때문이다.

진보시대의 대표적 지식인, 정신적 지도자

前 언론인, 한양대학교 교수 **리 영 희**

진정한 투사란 거칠고 용맹스러운 영웅을 말하는 것이 아니라 이렇게 다른 사람에 대한 배려와 사랑의 마음을 간직하고 있는 휴머니즘적인 사람을 지칭하는 것이다.

─진정한 '지식인' 이란 본질적으로 '자유인' 인 까닭에 자신의 삶을 스스로 선택하고 자신이 존재하고 있는 '사회' 에 대한 책임감을 지니고 있어야 한다고 믿는다. 나는 언제나 내 앞에 던져진 현실 상황을 묵인하거나 회피하거나 얼버무리는 태도를 지닌 지식인들의 배신을 경멸하고 경계해 왔다. 이것은 민족과 사회에 대한 배신일 뿐만 아니라 자기 자신에 대한 배신이라고 여겨 왔기 때문이다

이 글은 우리 대한민국 5천년 역사 가운데 암흑시대라고 불리 우는 일제식민지 시대와 해방 후 50여 년 간을 오로지 인간성 회복과 우리 사회의 정의 실현만을 위해 살아 온 리영희 선생의 저서 '대화' 의 머리글에서 발췌한 것이다.

군포시에서 리영희 선생과 함께 살고 있다는 사실 하나만으로도 진보적인 세대와 언론·문화·예술분야 등에 종사하고 있는 많은 지성인들은 자랑스럽게

생각하고 있다. 그는 지금까지 우리 대한민국의 민주정부와 참여정부의 초석을 이루어 놓은 진보세대의 대표적 지식인이자 지도자이기 때문이다.

"자본주의 사회 속에서 경제력이 있다고 외형적 물질적 낭비에만 집착해 허둥지둥 살아간다면 언젠가는 자기상실에 빠져 결국 타인들로부터 소외당하게 됩니다. 한 개인의 본질적 행복은 사랑과 이해가 넘치며 남과 함께 더불어 공유할 수 있는 사회를 이룩했을 때만이 가능합니다. 우리의 옛 여성들은 언제나 검소했습니다. 또한 모든 절제를 미덕으로 생각했지요. 이렇게 내면이 충실해지면 외적인 것을 초월하게 됩니다. 지금 우리 사회의 문제는 여성들의 경제적·사회적 지위가 향상되면서 자신의 외적 삶에만 치중하는 '내적상실'의 위기에 빠진 것입니다."

2005년 6월 9일 〈수리샘문학회〉 회원들의 점심식사에 부인 윤영자 여사와 함께 초빙되어 화기애애한 분위기에서 현 시대를 살아가고 있는 여성들을 위해 몇 가지 삶의 좌표를 제시해 주었다.

그는 군포시에 거주하면서 대형할인점을 잘 이용하지 않는다. 주변의 조그만

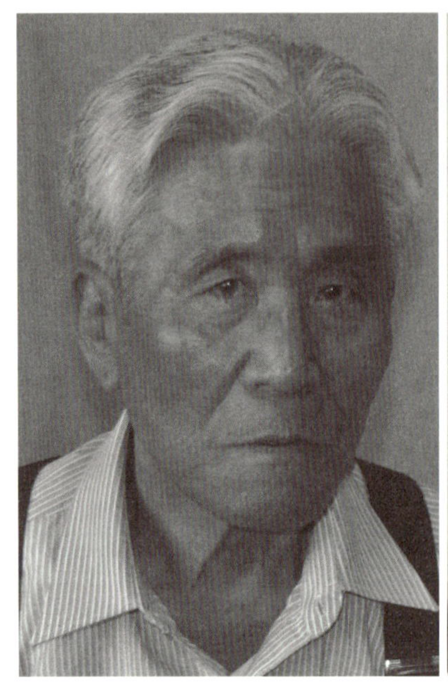

상가나 재래시장, 길가 좌판 상인들의 물건을 즐겨 산다. 비록 그 물건 값이 좀 비싸더라도 어려운 이웃을 도와가는 마음의 배려가 우리사회 전체를 골고루 밝고 행복하게 한다는 사실을 알고 있기 때문이다. 쉬운 것 같지만 어려운 실천, 참기 어려운 고문을 당했을 때도 자신과 관련된 이들에게 불이익을 줄까 하는 마음으로 끝까지 그 고통을 참고 이겨냈다는 말과 상통한다. 진정한 투사란 거칠고 용맹스러운 영웅을 말하는 것이 아니라 이렇게 다른 사람에 대한 배려와 사랑의 마음을 간직하고 있는 휴머니즘적인 사람을 지칭하는 것이다.

그가 살아 온 평생은 한 마디로 우리나라 역사 가운데 가장 야만스럽고 치욕스러운 난세였다. 일제의 한민족 말살정책을 어린나이에 경험하고 해방과 함께 미국과 소련이라는 외세의 힘으로 남북으로 나뉘어 벌인 동족상잔 6 · 25전쟁의 참혹한 현장을 직접 보았다. 이승만 독재정권과 박정희 · 전두환 군사정권이 펼친 철혈정책에 맞서 자신의 펜대와 함께 결코 꺾이지 않는 불굴의 투지로 대항

114

해왔다. 어떠한 정신적 핍박과 육체적인 고문도 우리 민족의 의식을 깨우려는 지식인과 언론인으로서의 사명감과 의지를 꺾을 수 없었다.

리영희 선생이 2005년 3월 10일에 출간한 마지막 저서인 『대화(임헌영 엮음, 한길사 발행』'에서 남편의 도움 없이 평생을 가난과 외로움 속에서 세 자녀를 훌륭하게 키워낸 아내에 대한 미안함과 감사의 마음이 다음과 같이 표현하고 있다.

—긴 세월에 걸친 문필가로서의 나의 인생의 마지막 저술이 될 이 자서전을 결혼 이후 50년 넘게 자신을 희생하며 사랑하는 자식들과 못난 남편을 위해 온 갖 어려움을 극복하고 살아온 존경하는 아내 윤영자에게 바친다.

비록 얼마 남지 않은 여생이지만 오로지 아내만을 위하는 마음으로 살아가겠다는 언약의 표시로 아내의 발을 씻겼다는 말에 이 날 점심식사에 참석한 30여 명 수리샘문학회 회원들로부터 갈채를 받았다. 그는 아침 식사 전 매일 3시간씩 부인과 함께 수리산 중턱에 있는 소방도로를 걷는다고 한다. 수리산의 푸르른 숲과 맑은 공기는 잃어버렸던 건강을 되찾게 해주었으며 아내와의 대화를 더욱 풍요롭게 해주는 중요한 매개체가 되었다. 다시는 돌이킬 수 없는 투쟁과 고난의 과거를 뒤로 한 채 일 년 사계절 수리산의 매혹적인 자연환경과 함께 은퇴생활을 즐기는 것이다.

리영희 1929년 평안북도 운산군 출생. 경북 안동중(고)학교 영어교사 근무. 6·25전쟁 중 국군통역장교로 7년간 근무. 1957년부터 1971년 까지 〈합동통신〉과 〈조선일보〉 외신부장 역임. 1972년부터 '한양대학교'와 '중국문제연구소' 교수 역임. 86년 이후부터 '동경대학', 독일 '하이델베르크' 사화과학연구소, '버클리대학' 정식 부교수로 초빙되었다. 그의 저서로는 『전환시대의 논리』『우상과 이상』『80년대 국제정세와 한반도』『베트남 전쟁』『자유, 자유인』 등이 있다.

들꽃 같은 내 삶,
시(詩)로 만개하다

시인 민선숙

시간이 가능할 때마다 시상을 떠 올리고 생각나는 대로 메모를 하면서 습작하는 나만의 시간을 갖지요. 이때가 저에게 가장 행복한 시간입니다.

자욱이 내려앉은 이슬 위에
조그맣게 올라와 앉았습니다.

뒤돌아 봐주지도
흡족히
받을 수도 없기에
작게 아주 작게
터를 닦아야 했습니다.

지나가는 발길에
슬며시 밟혀도
눈을 지그시 감고

헤쳐 가는 손끝에
지나가는 인고로은
힘도 자랑도
내 것일 수 있습니다.

때로는 오뚝이처럼
때로는 질경이처럼

아껴줌 없어도
돌봐줌 없이도
디딤돌일 수 있습니다.

―「들꽃」 전문

마치 한 개의 오뚜기처럼, 한 송이 들꽃처럼 넘어지고 밟혀도 결코 쓰러지지 않고 다시 일어나 살아온 여류시인이 있다. 33세 젊은 나이에 남편을 잃고 온갖 역경을 이겨내며 홀몸으로 5자녀를 키운 어머니의 삶이 그녀에게 어떠한 환경에서도 포기하지 않는 강인함을 가르쳐 주었다.

"두 살이었던 저는 아버지의 얼굴을 기억할 수 없어요. 대신 고난 중에도 어디에서나 미움 받지 않고 누구에게나 사랑 받을 수 있도록 가르치신 어머니의 밝은 모습을 내 자신의 모습으로 알고 살아왔습니다."

검정고시를 통해 중학교를 마쳤고 고등학교 때부터 스스로 학비를 벌어 공부를 해야 했던 그녀는 자신의 힘으로 유아교육과를 마치고 유치원 교사로 근무했다. 행복해야만 했던 결혼 이후에도 더욱 큰 시련이 그녀를 기다리고 있었다. 살림에 전혀 경험이 없었던 새댁이 장손인 남편의 대가족, 시할아버지·시할머니가 살아계시며 시부모와 3명의 시동생 등 많은 시댁식구들을 섬겨야 하는 호된 시집살이를 겪어야 했기 때문이다. 호된 시집살이를 하는 동안에도 그녀는 하루도 거르지 않고 일기를 써왔다.

8년간의 시집살이 후 분가하면서 단 돈 천만 원을 가지고 다섯 식구가 안양의 비산동 산동네에 살림을 차려야 했다. 적은 수입으로 세 아이를 키우기 힘들어 새로운 일자리를 찾아 나섰다. 평소 관심이 글을 쓰는 일이었기에 부족한 문학성을 키우면서 수입도 올릴 수 있는 독서지도자교사 과정을 수료하게 된다. 초등학생들의 논술을 가르치면서 우연히 '군포시민백일장'에 참가하여 수필 부문에서 최우수상을 받게 되었다. 자신감을 얻게 된 그녀는 그해 문학평론가 김상일 선생의 사사를 받게 되고 99년에는 정식으로 대한민국 문인협회가 주관하는 문단의 시인으로 등단한다.

"IMF로 남편이 힘들게 일구어 놓은 사업이 큰 어려움을 겪게 되었습니다. 그러나 논술교사로는 생활이 어림도 없었어요. 2000년 친구의 권유로 부동산학원

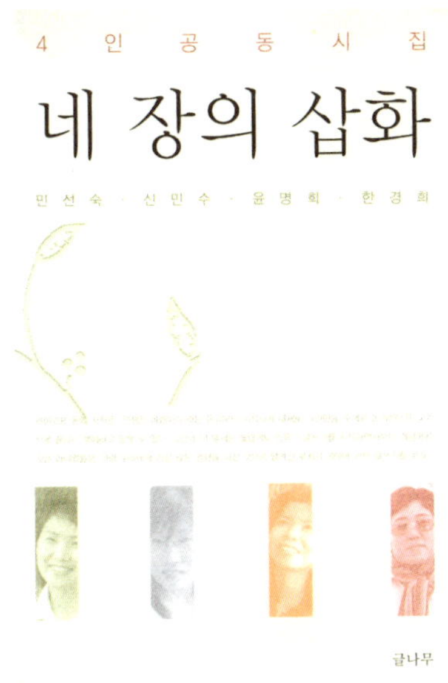

에 다니게 되었지요. 다섯 식구의 살림을 도맡아야 하는 가정주부로서 공인중개사 시험을 준비한다는 것은 결코 쉬운 일은 아니었지만 힘들게 자격증을 따고 이듬해 2002년 3월 사무실을 시작했습니다. 군포에서만 25년 이상 살아왔기에 가까운 이웃들의 도움으로 생각보다 빠르게 자리 잡을 수 있었어요. 지난 5년간 큰 것에 대한 욕심을 버리고 작은 것 만 바라보며 부지런히 일한 탓인지 사무실 운영은 크게 어렵지 않았습니다."

아침 9시부터 저녁 8시 까지, 토요일도 근무해야 하는 힘든 부동산 업무 중에도 문학에 대한 열정은 식지 않았다. 2001년 방송대학 국어국문학과에 편입하였으나 일을 하느라 휴학을 여러 번 반복하기도 했다. 그러나 절대로 포기하지 않겠다는 의지로 6년 만에 논문이 통과되어 2007년 2월 당당히 만학의 여성문학사로서의 새로운 삶이 시작 되었다.

"부동산 중개업이란 큰돈이 연계된 계약으로 인간 서로간의 관계에서 벌어지는 법적 수속에 따른 철저함과 냉정함부터 배우게 되요. 가난한 자들과 부자들의 나름대로의 특성, 서로 속임 당하게 될까 두려워 서로를 믿지 못하는 인간의 속성을 낱낱이 알아야 하는, 여자로서는 피곤하고 힘든 사업이지요. 그래서 저만의 시간이 꼭 필요합니다. 시간이 가능할 때마다 시상을 떠 올리고 생각나는 대로 메모를 하면서 습작하는 나만의 시간을 갖지요. 이때가 저에게 가장 행복한 시간입니다."

2006년 5월 '산본여성문학회' 회원 3사람과 함께 4인 공동으로『네 장의 삽화』라는 제목의 시집을 발간했다. 20편의 작품 중에서「들꽃」「살아야 하메」「그래도 사는 거야」「相思花」등에서 나타난 그녀의 삶에 대한 의지와 진솔함이 우리들에게 잔잔한 감동을 던져 준다.

"이제 세 아이들도 많이 자랐고 생활의 안정도 찾았어요. 남편도 문학 활동에 대한 이해와 관심을 보여주고요. 무엇보다 카톨릭 신앙생활로 더욱 화목해진 우리 가정에 대한 감사가 저를 행복하게 합니다."

필자는 민선숙 시인을 '낭송회'나 '문학기행'에서 만난 적이 있어 그녀의 부자 집 맏며느리 같은 여유와 밝음이 무척 인상적이었던 것으로 기억한다. 그러나 그것이 생활의 풍족함이 아닌 문학의 세계, 시의 세계를 통해 얻어지는 여유로움과 밝음이라는 사실을 알게 되었다.

작품과 신앙의 세계,
성전 전례꽃꽂이

한국꽃문화진흥협회 회장 **박 명 희**

지난 30여 년간 역사적 자료를 끊임없이 수집·연구하고 직접 연출해 보이며 새로운 논문과 저술을 통해 꽃꽂이문화를 정립시켜가고 있는 박명희 여사.

지금 한국의 가톨릭과 기독교에서는 전례꽃꽂이, 성전 꽃꽂이라는 명칭으로 꽃꽂이 문화를 한국에서 전 세계로 확산시켜 나가고 있다. 유럽을 중심으로 한 전통적 기독교의식은 이론적 규범과 함께 건축물·미술·교육·음악 등 다양한 분야에 대한 자료들이 수천 년 동안 이어져 내려 왔다. 그러나 꽃꽂이에 대한 기록은 별로 남아 있는 것이 없다고 한다.

놀랍게도 서구 기독교 전례꽃꽂이 예술과 신앙세계를 체계적으로 조화시켜 하나의 기록으로 만들어가고 있는 주인공이 바로 군포시에 살고 있다. 지난 30여 년간 역사적 자료를 끊임없이 수집·연구하고 직접 연출해 보이며 새로운 논문과 저술을 통해 꽃꽂이문화를 정립시켜가고 있는 박명희 여사이다.

"여러 가지 꽃을 사용해 아름답고 화려하며 의미 있는 분위기를 창조하는 꽃꽂이는 가정이나 직장, 모든 단체행사에 꼭 필요한 요소이지요. 대부분 성당이나 교회의 예배나 행사에서도 마찬가지입니다. 대림절·성탄절·사순절·부활절과 같은 매 절기에 맞게 다양하면서도 세분화된 분위기를 연출해 제단을

꽃으로 장식합니다. 전례꽃꽂이는 예수님을 향한 감사 · 절제 · 소망 · 고통 · 죽음 · 탄생과 부활 등 성서말씀을 바탕으로 하고 묵상과 기도를 통해 깨달은 참된 의미를 꽃으로 새롭게 표현해 내는 예술이지요."

박명희 여사를 대한 필자의 첫 인상은 한국의 전통적인 어머니상이었다. 마치 율곡선생의 모친인 신사임당을 연상케 하는 외모와 품성을 느낄 수 있었기 때문이다. 실제로 박명희 여사는 사육신 중의 한 사람인 충정공 박팽년의 19대손으로, 당시 삼족을 멸하는 사화를 피해 심심산골로 숨어들어 뿌리를 내리고 살아온 경북 달성군 하빈면 묘동이 고향이다.

"어릴 때부터 부모님은 이러한 자부심으로 저희들을 키우셨어요. 예의범절을 배우느라 종아리가 성할 날이 없었지요. 불교집안에서 자랐지만, 대구에서 첫선을 본 후 가톨릭 집안으로 시집가게 되었지요. 너무나 다른 엄숙한 성당의 미사 분위기에서 느껴지는 경외감으로 약간의 두려움은 있었지만 가톨릭 신앙에 젖은 시댁식구들의 따뜻한 분위기에서 편안함을 느낄 수 있었습니다."

11남매 중 차남인 남편 김준철씨와 시댁식구들을 따라 성당에 다녔고 신부님에게 영세를 받는 순간 자신도 무엇인가 하느님께 바칠 것이 있어야 한다고 생각했다. 어느 날 우연히 성전 제단에 진열되어 있는 꽃들을 유심히 보게 되면서 하나님의 무한하신 사랑과 은혜를 보다 구체적이며 예술적으로 표현하는 꽃꽂

이에 관심을 가지게 되었다. 이 후부
터 조물주가 주신 수많은 꽃들을 엄
숙한 주님의 제단에 바치는 작업에
피곤하고 힘든 줄 모르고 밤낮을 잊
은 채 몰입하기 시작했다.

1980년 어느 날 조비오 신부님의 강
론을 통해 광주민주화의 참혹상을 듣
고 눈물을 글썽이며 자유를 위해 생
명을 바친 희생자들을 순교자의 모습
으로 표현하는 꽃꽂이를 시작했다.

붉은 피를 상징하는 장미, 슬픔과
고난의 보라색 아이리스, 정의를 나
타내는 흰 백합꽃들로 성당 제단을
장식함으로 미사에 참석한 모든 교우
들에게 무언가 특별한 뜻 깊은 감동
을 줄 수 있었다고 한다.

　"재미있는 말이 있어요. 10대의 삶은 부모가, 20대의 삶은 스승이, 30대는 배
우자가, 40대는 자기 자신이, 50대는 자식이, 그러나 60대부터는 하느님이 우리
의 운명을 좌우한다는 것이지요. 저는 이른 봄 얼어붙은 땅의 흙더미를 밀치고
나오는 새싹에서 생명의 신비와 하나님의 무한하신 능력을 발견한답니다. 언제
어디서나 단 한 송이의 꽃을 보는 순간 편안함을 가지게 되고 이 꽃을 제단에 바
침으로 내 영혼도 구원 받을 수 있다는 산 체험을 하지요."

　그녀가 발표한 화예학회 논문집인『한국무교의례에 나타난 꽃의 의미와 상징
성』에 다음과 같은 글을 발표했다.

―우리는 무속 무당이 굿을 할 때 그들이 무아의 세계에 빠져드는 것을 알 수 있다. 전례꽃꽂이는 기교를 위주로 한 일반 꽃꽂이와는 엄연히 다르다. 이것은 나 자신의 작품세계와 개인적 신앙, 두 세계가 일치하지 못한다면 타인에게 감동을 줄 수 없기 때문이다.

대학에서 영문학을 전공했던 그녀가 대학 졸업 후 27년이 지난 2002년, 뒤 늦게 서강대학교 신학대학원 석사학위에 도전하여 그 결실을 맺게 되었다. 그녀의 작품이 신앙심에 바탕을 두고 있다는 사실을 상기한다면 고개를 끄덕일 수밖에 없다.

박명희 여사는 전국가톨릭전례꽃꽂이연구협의회 회장을 역임했고, 현재 서강대학 평생교육원 전례꽃꽂이강사, (사)한국꽃문화진흥협회 수석 부이사장, 세실꽃꽂이중앙회 회장으로 활동 중이며 지난 30년간 수많은 제자들을 길러 낸 가톨릭 전례꽃꽂이의 선구자이자 스승이다. 또한 군포 수리동성당, 한국에서 제일 오래 된 서울 중림동(약현)성당 제단의 꽃꽂이 봉사를 하기도 하고. 군포 작은천사어린이집을 방문하여 꽃으로 어린이들의 정서를 함양시키고 있는 지역봉사자이기도 하다.

반월호수가 고향인
환경공학 전문가

수원과학대학 환경정보학과 교수 **박 상 호**

수리산과 반월호수를 위해 그가 가진 모든 것을 다 바칠 수 있다는 것이 그의 생각이다. 일평생 공부한 환경공학 중 수질분야를 가지고 대규모 친환경 쉼터로 조성하는 사업에 기여하게 될 박상호 교수의 큰 활약을 기대해 본다.

"반월호수는 원래 1953년에 낙후된 한국의 농업생산력 높이기 위한 미국정부의 개발지원자금으로 만들어진 저수지입니다. 농지가 대부분인 농가마을이었지만 지대가 낮아 저수지로 만들기에 최적지였어요. 수리산 계곡과 대야미와 샘골에서 유입되는 세 갈래 하천의 물을 막아 만든 대규모 저수지입니다. 비록 인공 저수지이지만 사방이 산으로 둘려 쌓여 그림처럼 아름다운 정경을 자랑했기에 호수로 불리어지게 된 것입니다."

최근 경기도 도립공원으로 지정되면서 이 주변이 재개발될 예정이다. 박상호 교수는 1850년대 이후부터 오 대째 반월호수 부근인 둔대동에 살면서 이 지역이 변모해 온 모든 과정을 지켜 본 원주민 중 한 사람이다. 연세대학교에서 화학공학을 전공한 그는 졸업 후 국방과학연구소의 연구원으로 근무하며 공학박사 학위를 취득했다. 25년간을 한 직장에서 근무한 전문성이 인정되어 2001년 말 수원과학대학의 교수로 취임하게 된다. 그의 전공과목이 바로 '환경정보학' 가

운데 필수인 수질분야이기에 앞으로 오염된 반월호수의 수질을 개선하는 데 큰 기여를 할 수 있을 것이다. 필자와의 만남에서 박상호 교수는 대야미동 오수종말처리장에서 정수된 물이라 해도 처리과정에서 항상 문제가 야기될 수 있으므로 반월호수로 직접 유입되어서는 안 된다는 사실을 지적한다. 처리된 오수는 저수지를 거치지 않고 곧바로 농지로 유입시키고 빗물만을 저수지로 유입시켜야 수질이 항상 정상으로 유지될 수 있다는 것이다.

"주변 고속도로의 소음과 공해를 차단하기 위한 대규모 숲을 만들고, 다른 하천에서 유입되는 오수 처리를 강화해 반월호수의 수질을 더 개선해야 해요. 갖가지 요란한 식당들과 유흥장이 들어서는 난개발식 유원지가 되는 것은 절대 반대입니다. 수리산과 연계해 군포시민들 뿐만 아니라 타 지역사람들 모두가 쾌적하고 안락하게 즐길 수 있는 자연 생태공원이나 전원 휴식터로 개발해야 합니다."

이 지역은 30년 넘게 그린벨트로 묶여있는 동안 자연환경이 잘 보전된 것이 아니라 오히려 방치되면서 인근 공장들과 축산물로 인한 오수와 폐수, 그리고 온갖 쓰레기로 인한 악취 때문에 몸살을 앓아왔다. 아름다운 자연환경도 집이나 사람처럼 가꾸지 않으면 무질서한 인간들이 드나들면서 낡고 추해져 냄새나는 쓰레기장으로 변하게 된다.

박상호 교수는 130년 전에 건축되어 조상 대대로 지켜온 전통한옥에서 두 부부가 함께 살고 있다. 뒤로는 나무가 울창한 완만한 동산과 정면으로는 탁 터진 반월호수가 내려다보이는 명당에 자리 잡은 고택이다. 집 바로 뒤로는 105년 전인, 1903년 증조할아버지(故 박경춘)께서 이웃 사람들과 함께 산에 올라가 직접 나무를 베고 다듬어 지은 예배당 겸 학교 교실로 만든 '둔대교회' 와 이웃하고 있다.

"저는 어린 시절, 매일 이곳에 와서 아이들과 뛰어 놀고 주일이 되면 예배드리

고 헌금도 했지요. 건물이 이웃해 있어 저희 집과 교회가 구별이 안 될 정도였습니다." 예배와 교육을 병행할 수 있었던 것은 그 당시 미국인 선교사인 '아펜셀러'가 설립한 배재학당에서 신식교육을 받은 황 선생님이란 분을 교사로 모셨기 때문이라고 말한다.

'박경춘' 할아버지는 우리가 잘 알고 있는 소설 『상록수』의 모델이다. 1930년대 작가 '심훈'이 집필하여 한국문학의 한 획을 그었던 소설 『상록수』의 배경이 바로 이 가문의 실제 이야기라는 사실을 아는 사람은 많지 않다. 자신의 땅에서 소설의 주인공 '최용신'과 함께 가난하고 무지한 소작 농민들을 설득해 정규 학교를 세우고 직접 가르치면서 농촌 계몽운동에 앞장섰던 분이다. 가난하고 무지한 농민들을 일깨우는 일에 앞장섰던 선대의 애국애족 정신을 이어 받아 그 후손들 역시 대야미동 둔대초등학교 故 박문의 교장선생을 비롯하여 훌륭한 교육자들로 이 지역사회와 국가를 위하여 이바지했다.

지난 해부터 군포신문을 중심으로 군포지역의 많은 문학인들이 함께 모여 '현대문학 100주년기념관' 건립을 추진하고 있다. 만약 이 국가적 사업이 실현

된다면 그의 가문으로서도 영광스러운 의미 있는 사업이 될 것이다.

"수원과학대학에서 교편을 잡기 시작하면서 이곳에 살기위하여 내려와 보니 둔대동은 제가 반월초등학생이었던 1960년대와 별로 달라진 것이 없이 여전히 가난한 농촌으로 남아있었습니다. 오히려 사방에 고속도로가 가로지르며 파괴된 산들과 소규모 난개발로 인한 공해와 소음으로 인해 깊은 좌절감마저 느꼈었지요."

그러나 이제 머지않아 반월호수를 중심으로 경기도립공원이 생겨나고 환경 친화적 대규모 사업이 시작되면서 이 주변 지역이 새롭게 거듭날 수 있다는 희망을 갖게 되었다. 고향산천인 수리산과 반월호수를 위해 그가 가진 모든 것을 다 바칠 수 있다는 것이 그의 생각이다. 일평생 공부한 환경공학 중 수질분야를 가지고 대규모 친환경 쉼터로 조성하는 사업에 기여하게 될 박상호 교수의 큰 활약을 기대해 본다.

공동체의식이 살아있는 진정한 복지사회

주몽종합사회복지관 관장 **박 원 희**

말하는 그녀의 모습이 천사와도 같이 너무나도 해맑다. 행복한 미소와 웃음소리가 모두에게 감동을 준다. 이렇게 자신이 하고 있는 일에 대한 보람과 열정과 신의를 가질 수 있는 사람은 정말 행복한 사람이다.

관장실에서 인터뷰를 막 시작하려는데 전화기의 벨이 울렸다. 전화를 받는 그녀 얼굴에 미소와 함께 축하의 말들이 쏟아져 나왔다.

"정말 잘 되었네요. 너무너무 축하드려요. 앞으로 더욱 행복하세요."

첫 대면에 실례가 되는지 알면서도 누구와의 통화이기에 이렇게 행복하고 좋아할 수 있었는가를 물어 보았다.

"휠체어를 타고 다니는 1급 장애인 부부예요. 웨딩드레스 · 혼수반지 등 결혼준비도 함께 하고, 신혼집인 반 지하방 장판과 도배 · 난간설치 등 편의시설 개조를 지원한 이후부터 서로 친한 사이가 되었지요. 몇 년전 이들로부터 그렇게 바라던 첫 아이가 유산되었다는 우울한 소식이 있었는데, 방금 전의 전화는 첫 아들을 순산하게 되었다는 기쁜 소식이었어요. 두 부부가 얼마나 좋아하는지…… 정말 살 맛 나는 이야기예요."

그렇게 말하는 그녀의 모습이 천사 같이 너무나도 해맑다. 행복한 미소와 웃

음소리가 모두에게 감동을 준다. 이렇게 자신이 하고 있는 일에 대한 보람과 열정과 신의를 가질 수 있는 사람은 정말 행복한 사람이다.

우리가 살고 있는 군포시에는 매화·가야, 그리고 주몽 모두 3개의 종합사회복지관이 있다. 경제적·신체적·정서적인 문제로 어려움을 갖고 있는 장애인·노인·한 부모세대 등의 복지와 건강·권익·자활능력과 취업을 위해 다양한 프로그램을 실시하는 기관이다. 오늘의 인터뷰는 주몽복지관의 박원희 관장과의 만남이다. 그녀 자신도 장애인이다. 갓난아기 때 입은 화상으로 인해 지금까지 4번에 걸쳐 대수술을 받은 5급 장애인이다. 뿐만 아니다. 평생을 함께 하고 있는 남편 또한 휠체어를 타는 소아마비 1급 장애인이다. 이 모든 것이 자신들 보다 더 힘들고 도움을 필요로 하는 사람들을 위해 자신의 일생을 바치기로 한 계기가 되었을 것이다.

보다 독립적인 삶을 위하여 25세라는 늦은 나이에 입학한 그녀의 대학 전공과목도 복지를 선택했다. 같은 장애인으로서의 공감대를 형성하고 그들의 본이 되어 보다 적극적인 삶을 살아갈 수 있도록 함께 하고 싶었던 것 이다.

한신대 사회복지학과를 졸업하고 카톨릭대학교 대학원에서 석사학위를 마친 후 사회복지법인 '삼육재활센터' 에서 15년 가까이 경험을 쌓았다. 또한 한신대 사회복지과 겸임교수로 학생들을 가르치고 있는 이론적 전문가이자 복지 현장의 선두에 선 뛰어난 전문경영인으로 이곳 주몽종합사회복지관과는 3년 전부터 인연을 맺었다.

"어릴 때부터 타고 난 적극적인 성격과 기독교인으로서의 신앙심으로, 장애인이라고 슬퍼하거나 비관하기보다 주어진 삶에 대해 항상 긍정적 사고로 살려고 노력했어요. 지금까지 이렇게 살아 올 수 있었다는 그 자체 하나만으로도 너무나 하나님께 감사한 일이지요."

타고난 적극성과 봉사정신으로 대학시절 수화(手話)를 배워 후배들을 위한

'수화교실'을 열었다. 3년간이나 농아인 교회에서 함께 신앙생활을 하면서 이들의 모든 것을 이해하려 노력했다. 지역의 농아인들이 생활에서 급한 통역을 원할 때 언제 어디서나 도움을 주기 위해서였다.

"경제성장과 함께 복지사업의 규모가 커지고 장애인에 대한 인식이 놀라우리만큼 달라졌어요. 장애인들의 재활시설, 생활 편의시설이 늘어나고 소비자적 권리가 신장되어 개인 사생활인 성(性)문제까지 언급될 정도로 환경적·제도적 변화가 있었습니다. 이제는 중증장애인들도 사회에서 함께 살아갈 수 있는 분위기가 형성되었지요."

우리 군포시는 기획도시로서 타 도시에 비해 장애인을 위한 편의시설이 많고 복지예산도 시 전체 예산의 20%가 넘는다. 2006년부터 군포시내 3개 종합사회복지관이 함께 공동사업을 시작했다. 바로 '어머니가 만들어가는 살기 좋은 복지군포' 사업이다. 교육을 통해 지역 어머니들의 사회복지인식을 높이고 사회복지활동에 직접 참여하도록 하여 지역공동체의식을 높여 살기 좋은 군포시를 만들자는 것이다. 어려운 이웃들이 소외감과 차별을 느끼지 않고 더불어 살아가는 '공동체의식'이 살아있는 사회가 진정한 복지사회라는 결론과 함께 박원희 관장과의 행복한 인터뷰를 마쳤다.

군포시를 새로운 뷰티산업의 메카로……

헤어 디자이너 · 강사 **박 재 영**

그녀는 지금까지 국내는 물론 전 세계를 순회하며 미용 강연과 국제미용기능대회 심사위원 등으로 대한민국 미용업계를 대표하는 리더로서 분주한 일정을 보내왔다. 미국 · 유럽 · 일본 등 40여 국가를 다니며 강연을 하는 동안 한국 여성들이 미용기술에 탁월한 자질을 가지고 있다는 사실을 깨닫게 되었다고 한다.

"머리를 다듬는 사람은 조각을 하는 예술가와 같은 섬세한 미적 감각과 장인 정신을 바탕으로 완벽한 작품을 만들어 내야 해요. 고객을 돈으로 생각하는 그 순간부터 단순한 기능직으로 전락하며 일에 대한 열정을 가질 수 없게 됩니다."

산본중심상가 광림빌딩 5층에서 올해로 15년째 미용실을 운영하고 있는 박재영 원장의 이야기이다. 그녀는 지금까지 국내는 물론 전 세계를 순회하며 미용 강연과 국제미용기능대회 심사위원 등으로 대한민국 미용업계를 대표하는 리더로서 분주한 일정을 보내왔다. 미국 · 유럽 · 일본 등 40여 국가를 다니며 강연을 하는 동안 한국 여성들이 미용기술에 탁월한 자질을 가지고 있다는 사실을 깨닫게 되었다고 한다.

"젓가락 문화를 가지고 있는 우리 민족은 손가락 힘도 세고 손으로 하는 일에 선천적으로 뛰어난 재능을 가지고 있어요. 서양인들은 미용을 매우 힘들고 어

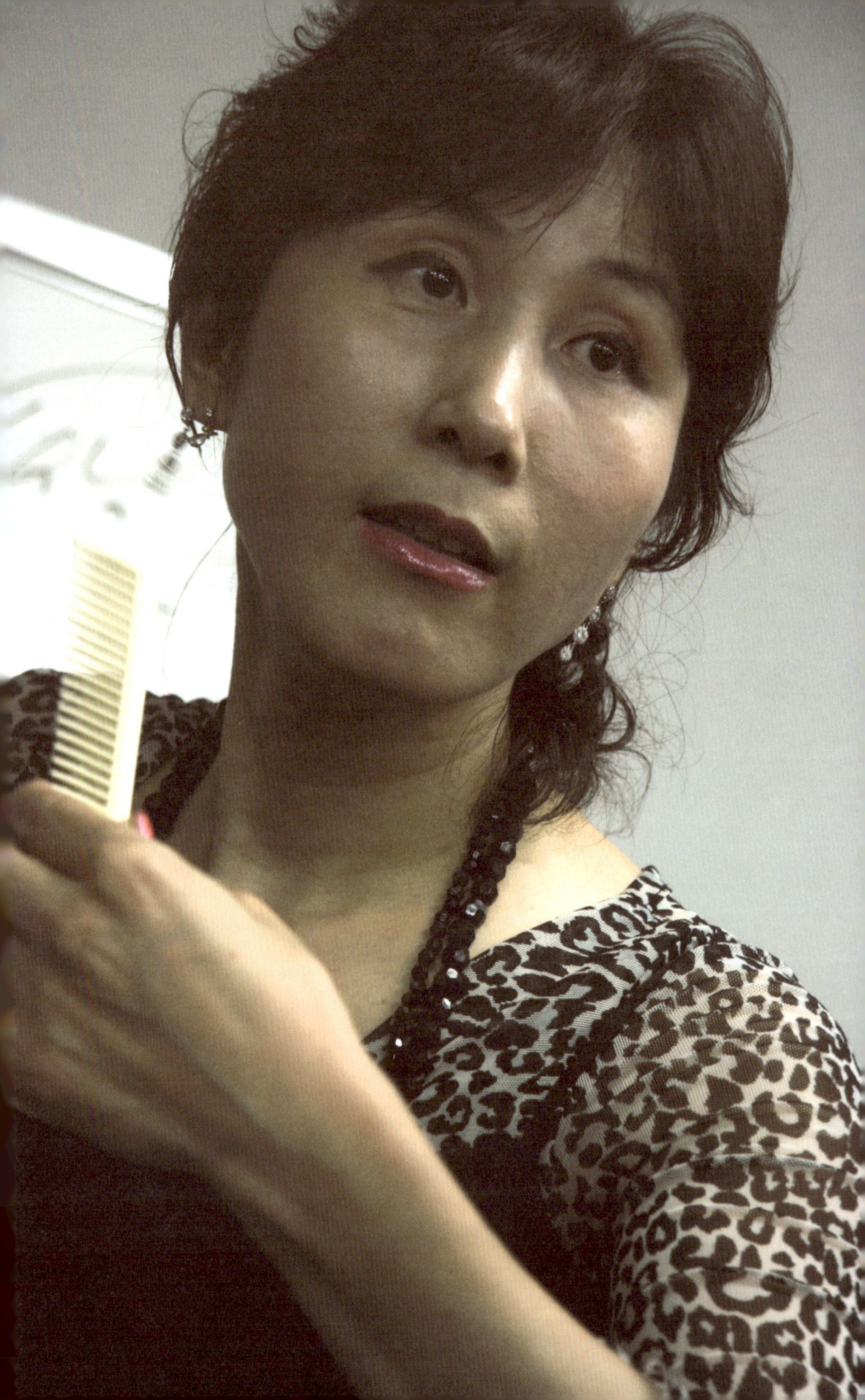

려운 기술로 생각하고 있어 인구에 비해 미용사가 많이 부족한 상태입니다. 미
용사의 숫자가 부족해 벌어들이는 수입이 한국보다 3~4배 부가가치가 높아 존
경받는 고급기술이에요. 현재 한국에서 미용을 배우는 학생들에게 영어회화도
열심히 배워 과잉 상태인 국내시장을 목표로 하기보다 해외로 바로 진출할 것
을 권장합니다."

　40대 중반이란 나이를 믿을 수 없을 만큼 젊고 발랄한 외모와 적극적인 성격
만큼이나 그녀의 학력이나 경력 또한 다양하고 화려하다. 인천대학에서 전자공
학을 공부한 후 대기업에서 7년간 근무했고, 30대 초반에 미용사로 전업하면서
숙명여자대학교에서 아트디자인을 공부했다. 경희대학 경영학 석사과정(문화
예술경영)을 마치고 프랑스 파리 유학 중 특수 분장을 공부했으며 귀국 후 다시
숙명여자대학교에 입학하여 국문학을 전공했다. 그녀는 지금까지 학비와 유학
으로 투자된 돈 만도 10억 원이 넘을 것이라고 웃으며 말한다. (현재는 경희대
박사학위 논문 준비 중)

　박재영 원장은 하루 3시간 이상 수면을 취한 적이 없다고 한다. 지금도 하루
24시간, 분(分)과 초(秒)를 다투며 바쁘게 살아가고 있다. 대학 강단에서 학생들
을 지도하고, 강남 신사동에 있는 시저스클럽아카데미의 부원장으로 미용실 원
장들과 전문 헤어디자이너를 재교육시키는 일을 한다. 목·금·일 3일 간은 산
본 본점에서 단골 고객을 맞이한다.

　"미용실을 찾아온 고객들에게 자신의 개성과 미를 새롭게 발견할 수 있도록
도와줌으로 감동하게 만드는 것이 미용사의 업무이자 보람이에요. 저는 작업에
들어가기 전, 고객의 직업과 취향·개성과 미적 감각 등 모든 사항을 알아내어
참고합니다. 특별한 VIP들에게는 고객이 원하는 스타일과 제 머릿속에 든 아이
디어를 조화시켜 1분간 '헤어 스케치'를 보여주고 동의를 얻은 후 작업에 들어
가지요."

박재영 원장은 전라남도 영광의 시골 어촌에서 9남매 중의 막내로 태어났다. 평생 정치판에 몸 담았던 아버지와 그 뒷바라지를 위해 시장바닥에서부터 기업체 사장까지 안해본 일이 없었던 어머니의 영향으로, 남자보다 강해 질 수밖에 없었다고 한다. 그런데 몇 해 전 자신의 삶의 모두라고 여겼던 부모님과 두 언니를 한 해에 한꺼번에 잃었다. 반복되는 좌절과 눈물, 재기와 인내라는 과정 없이는 성공한 장인도 예술가도 될 수 없다고 스스로 자위하며 오뚜기처럼 다시 일어섰다.

그녀는 러시아의 대표 문호 푸슈킨의 「삶」이란 시를 가장 좋아한다. '삶이 그대를 속일 지라도 슬퍼하거나 노여워하지 말라. 현재는 언제나 슬픈 것 마음은 미래에 사는 것…….' 자신의 삶도 이 시의 내용과 같이 고통과 시련의 계속이었기 때문이다.

이렇게 문학에 심취하게 된 것도 자신의 힘든 삶을 감성과 미적인 감각으로 조화시키고 전문분야인 미용을 통해 보다 완벽한 예술로 승화시키고자 했다는 것이다.

"저는 1분만에 고객 한 명의 머리를 커트할 수 있지요. 물론 고객이 만족할 수 있는 커트라야 합니다. 산본에서 하루 200명의 커트를 혼자 해낸 적이 있어요. 그래서 '보이지 않는 바리캉'이란 별명도 얻었지요. 그러나 미용에 대한 어떠한 기능이나 형식보다는 고객에게 자신만이 가진 미(美)에 대한 확신과 즐거움을 선사할 수 있는 예술가적 안목이 있어야 합니다."

박재영 원장은 그 동안 강남을 중심으로 미용뿐만 아니라 이에 관련된 많은 사업을 벌여왔다. 큰돈도 벌어 보았고 40여 개 이상의 외국을 순방하며 견문도 넓혔으나 타인을 너무 믿고 지나치게 사업을 확장하다가 실패의 쓴 맛도 경험했다. 그래서 이제는 타 지역에서 벌인 모든 사업을 정리하고 군포를 중심으로 한 대규모 '복합 뷰티 산업단지'를 구상하고 있다고 한다.

　"미용 뿐만 아니라 스킨케어·네일 케어·다이어트·헬스·패션·성형 등 미(美)에 관련된 모든 컨설팅과 비즈니스를 한 자리에 모아 원스톱으로 해결할 수 있는 풀코스의 대규모 미(美)의 복합단지(COMPLEX)를 만드는 것이지요. 외적인 아름다움 뿐만 아니라 '세계적인 명화'를 전시하고 '독서실'을 만들고 '클래식과 팝 뮤직'을 위한 음악 감상실과 '사진 스튜디오'를 만들어 각자의 내적 아름다움을 완성시킬 수 있는 특별한 장소를 만들려고 합니다."

　박재영 원장은 지금까지 공부하고 경험해온 미용·전자공학·의료학·미학·경영학·문학 등의 모든 학문을 예술과 사업으로 융화시켜 새로운 국가적 뷰티산업으로 키워낼 꿈을 가지고 있다.

　그녀의 대규모 뷰티 프로젝트가 국가적 관광사업으로 발전해 머지않아 세계 여러 나라 사람들이 아름다움을 완성시키기 위하여 군포시로 몰려오는 그 날을 기대해보며 박재영 원장의 행로에 응원을 보낸다.

TV방송의 꽃, ABC방송 대표 앵커우먼

T broad ABC방송 아나운서 **박 혜 준**

10년의 방송 경험을 쌓아 온 박혜준 아나운서지만 생방송이건 녹화방송이건 일단 카메라 앞에서는 단 한 번의 실수도 용납하지 않는 긴장감으로 스스로의 완벽함을 추구한다.

    지역 케이블 방송의 가입 가구 수가 전국적으로 1,400만을 넘어서고 있는 지금 지역방송은 명실공히 지역 여론을 선도하는 하나의 중심점에 서 있다고 해도 과언이 아니다. 이 가운데 티브로드(T broad)는 시청자 가구 수 270만을 넘어서 점유율 19.3%로 국내 1위를 차지하고 있다. 내가 살고 있는 지역에서 일어나는 크고 작은 사건, 사고에 대한 뉴스는 물론 지역 행정과 정치·교육·문화에 대한 자세한 정보와 각종 행사나 축제의 진행을 안방에서 TV를 통해 시청할 수 있게 되었다.

    TV에서 가장 시청율이 높은 프로그램은 역시 저녁뉴스, 그 진행을 맡고 있는 아나운서를 앵커라고 한다. 특히 여자 아나운서인 앵커는 그야 말로 방송의 가장 화려하면서도 중요한 간판 역할을 감당해야 한다. 그래서 미국과 같은 선진국에서는 헐리웃 스타보다 높은 인기와 대우를 받고 있다. 세련되고 아름다운 미모는 물론 높은 학식과 지적인 재치를 겸비해야 하고 무엇보다 기자로서의

강한 근성과 커리어를 겸비한 최고 방송 전문인만이 프라임 타임 앵커가 될 수 있다. 우리 군포 안양지역의 최고 앵커 우먼이 있다. 지난 10여 년 간 우리 모두 알게 모르게 지역 TV 방송채널을 통해 많은 영향력을 함께 나누어 왔던 박혜준 아나운서이다.

"스튜디오에서 뉴스를 전하는 앵커가 되기 위해서는 많은 경험이 필요합니다. 사건 현장에 출동해 현장 소식을 직접 전해주는 취재리포터인 기자 역할과 사건에 대한 배경과 분석을 글로 내용 설명을 하는 스크립터, 주요 기사선정, 인터뷰 인물선정, 의상 분장선택과 섭외 이 모든 과정을 직접 감당하고 진행해 낼 수 있는 능력이 있어야 완벽한 앵커가 될 수 있지요."

10년의 방송 경험을 쌓아 온 박혜준 아나운서지만 생방송이건 녹화방송이건 일단 카메라 앞에서는 단 한 번의 실수도 용납하지 않는 긴장감으로 스스로의 완벽함을 추구한다.

"물론 오랜 방송 경험이 큰 힘이 될 수도 있지만 5년 이상 같은 일을 하다 보면 매너리즘에 빠질 수 있게 됩니다. 항상 신인으로서 새롭게 배우겠다는 도전과 변화의 자세가 유지되지 못한다면 어느 순간 시청자로부터 버림받을 수 있어요. 이것은 전문 앵커직의 매력이기도 하지만 두려움이기도 합니다. 저도 지금까지 지역사회의 이웃과 같은 친근한 소식과 뉴스 중심의 프로 진행에서 지역사회의 긴박한 상황을 추적하고 고발하는 현장감 넘치는 프로를 진행하는 리포터로서의 변신도 감행해 보고 싶어요."

그녀는 지금 지역 뉴스인 'ABC뉴스'에 이어 지금은 티브로드를 대표하는 뉴스를 진행하고 있다. '티브로드 뉴스'는 군포를 비롯해 경기 서남부권 전역에 매일 오후 5시 30분 생방송으로 방송되고 있다. 이와 함께 지역 뉴스인 '한빛뉴스'와 시청자들이 직접 참여하는 '열린TV 시청자세상'은 시청자들이 제작한 영상을 전문가와 함께 보고 이에 대해 평가하고 진단해 보는 국내 케이블 유일

의 프로그램이다. 현재 군포시를 포함해 안양과 과천 의왕 등 도내 13개 시(市)
에 방송되고 있으며 앞으로 경기 전역으로 방송권역이 확대될 전망이라고 이야
기한다.

"지난 10여 년간 방송을 진행하면서 군포시에 관한 많은 뉴스와 프로그램 진
행, 인물들과의 만남을 통해 비록 군포시민은 아니지만 군포시는 꼭 살고 싶은
도시로 손꼽기에 손색이 없는 도시라고 생각해요. 병풍처럼 둘러싸고 있는 수
리산과 도심에 자리해 5월이면 분홍빛으로 만개(滿開)하는 철쭉동산을 떠 올리
게 됩니다. 특히 산본신도시의 자연환경과 주거환경은 외지인들은 물론 외국인
들의 시선을 한 번에 모으기에도 부족함이 없는 것 같아요."

동양적이면서도 서구적인 아름다움을 가졌으며 자연스러우면서 또렷한 음성
과 부드러운 미소로 항시 우리 군포지역의 시청자들에게 새로운 기대감을 선사
해 주고 있는 박혜준 아나운서! 방송국의 중심에 서서 화려한 미소와 함께 새로
운 지역 뉴스와 정보의 꽃다발을 우리 모두에게 선사하고 있다.

매월 13일은 북 데이, 함께 책 읽는 날

북데이실천본부 기획단장 **서 강 석**

책을 읽는다는 것이 딱딱하거나 지루해서는 절대 성공할 수 없다. 모두가 함께 나누며 더불어 즐겁게 읽을 수 있는 분위기를 만들어 주어야 한다. 한 달에 한 번씩 책 잔치를 벌이는 것이다. 매월 13일 모이기로 한 이유는 13이란 숫자는 알파벳 'B' 와 흡사하게 생겼기 때문이라는 재미있는 해석이다.

옛부터 '책은 마음의 양식' 이라는 말이 있다. 하루 세 끼 밥을 먹어야 육신이 살아 움직이듯 책을 읽어야만 인간의 지성과 감성, 세상 사는 지혜를 터득할 수 있다는 뜻일 것이다. 그런데 한국인들의 하루 독서 시간이 단 10분도 되지 않으며 성인의 24%가 일 년에 단 한 권의 책도 읽지 않는다는 통계조사 결과도 있다. 도서구입비가 화장품지출비의 43%, 담배 값의 36%라는 이야기는 대한민국 국민이라는 사실에 수치감을 느끼기에 충분하다. 이것은 우리가 과거 왜놈이라고 깔보았던 일본인의 독서량에 비하여 현저히 낮은 것이다.

2008년 4월 13일 '북 데이(BOOK DAY)' 의 출범식이 있었다. 100여 명의 실천위원들을 통해 모은 2,000여 권의 책들이 일반시민들에게 순식간에 팔려 나갔다. 그야말로 책 벼룩시장(BOOK FLEA MARKET)이 열린 것이다. 이날 이미 읽은 책을 서로 교환하거나 정가의 10%라는 싼 값으로 판매했으며 그 밖에도 음

악공연 · 전시회 · 체험학습 등 다양한 이벤트가 벌어졌다. 이러한 모임을 기획하고 주도한 장본인이 바로 서강석 '북데이' 실천본부 기획단장이다. 그에 의하면 '북 데이' 운동은 미국 시카고에서 시작되었으며 우리나라에도 이미 청주 · 원주 · 순천 · 사천 등을 비롯한 지방도시를 중심으로 서서히 전국적으로 퍼져 나가고 있다고 한다.

"군포시는 수도권의 베드타운으로 특정한 산업이나 고급소비, 고가의 부동산 등이 없는 경제적 경쟁력이 약한 도시이지요. 군포시의 부가가치와 경쟁력을 높이기 위해서는 환경과 교통, 교육과 문화 분야를 집중적으로 키울 수밖에 없습니다. 군포시에는 5개의 대규모 도서관이 있어요. 이 도서관을 중심으로 각 가정과 아파트 · 동사무소 · 학교 · 직장 등 소단위 별로 책을 읽는 문화를 만들게 된다면 군포시민들의 건강한 공동체의식을 키울 수 있습니다."

그러나 책을 읽는다는 것이 딱딱하거나 지루해서는 절대 성공할 수 없다. 모두가 함께 나누며 더불어 즐겁게 읽을 수 있는 분위기를 만들어 주어야 한다. 그래서 한 달에 한 번씩 책을 읽는 모든 사람들이 책 잔치를 벌이는 것이다. 매월 13일 모이기로 한 이유는 13이란 숫자는 알파벳 'B' 와 흡사하게 생겼기 때문이라는 재미있는 해석이다.

"저의 집에는 TV가 없어요. 가족회의 끝에 거실에 있는 TV를 없애는 대신 서재를 만들고 많은 책을 진열한 후 함께 독서하는 시간을 늘렸지요. 엄마와 아이들이 읽은 책에 대해 서로 대화를 나누는 모습을 보면 정말 흐뭇합니다."

서강석 단장은 어느 누구 못지않게 다양하면서도 특별한 과거를 살아 온 인물이다. 전라북도 남원 출신으로 전주에서 고등학교를 마친 후 80학번으로 성균관대학교 사학과에 입학했다. 그러나 졸업 한 것은 15년 후인 1995년이었다고 한다. 군부독재정권시절 학생운동과 노동운동을 하느라 옥고를 치루고 군대로 강제징집을 당하는 수난의 시절을 보냈기 때문이다. 그의 어머니는 죽기 전

에 아들의 대학졸업식에 참석해보는 것이 소원이었지만 결국 그 날을 보지 못하고 돌아가시게 한 불효자가 되었다. 이후 추종하고 따르던 김대중 정권이 들어서면서 민주당 정권의 최대 실세였던 한화갑 의원의 비서실 차장으로 일하게 되면서 권력의 힘이 무엇인가 직접 체험도 했다. 학생과 노동자, 쫓겨 다니던 도망자에서, 권력의 실세 곁으로 전혀 색 다른 경험을 한 것이었다.

그 후 강남 대치동에서 입시학원을 운영하면서 큰 돈도 벌고 자본주의 단 맛도 경험해 보았지만 노동운동을 함께 하며 잔뼈가 굵어온 김윤주 전(前) 군포시장이 출마를 결심하면서 그와 함께 군포시를 위해 일하게 된다.

그의 존재가 군포 시민들에게 알려지기 시작한 것은 2004년 디딤돌문화원이 위탁운영을 맡고 있던 군포문화센터 관장으로 취임하면서부터이다. 그는 4년이란 재임기간을 통하여 전체 학생 수 4,000여명에 이르는 200여 개의 상설강좌와 헬스장·공연장·도서관 등 모든 시설을 이용하는 연 인원이 35만 명에 이르는 전국 굴지의 문화센터로 성장시켰다. 군포시가 문화도시로 발돋움할 수 있는 저변확대를 이루어 놓은 것이다.

"저의 어릴 적 꿈은 '수영으로 한강을 건너기'와 '마라톤 풀코스 완주하기' 두 가지였지요. 무엇이든 도전하기를 좋아하는 성격이었습니다. 초등학교 4학년 때 사고로 다리가 부러져 2주 동안 학교를 결석하고 병원에 입원했을 때였어요. 큰 형님이 『세계를 깜짝 놀라게 한 12가지』라는 책을 사 주셨는데 지구상의 새로운 발견과 발명·탐험·인물·사건·신기록 등 12가지의 놀랍고도 신비로운 이야기들을 담은 전집이었지요. 이 책을 읽은 후부터 미래를 향한 저만의 꿈을 갖기 시작했습니다."

초등학교 시절에는 위인전, 중학교 때는 탐정소설, 그리고 고등학교 이후부터는 역사소설을 즐겨 읽었으나 이제부터는 다양한 장르의 독서보다는 문화와 역사 분야 중 특정한 어느 한 인물에 대한 깊은 이해와 지식을 키워나가겠다고 말한다.

"역사적 인물의 성장과 실패와 성공과 죽음까지도 실제처럼 상상하고 느껴볼 수 있게 체험적인 해설로 감동을 주는 문화해설사가 되는 것이 저의 꿈입니다. 단순히 책으로 얻은 지식이 아니라 역사적 인물이 태어나서 자라난 모든 현장을 직접 답사해 그 인물의 체취를 느끼고 배우는 것이지요."

서강석 단장과의 만남에서 필자는 독서에 관한 많은 대화를 나눌 수 있었다. 책은 여가 시간에 읽는 것이 아니다. 바쁜 일과 속에서 시간을 내 읽는 것이다. 독서를 통해 얻는 지식과 생각의 깊이는 인터넷 서핑을 통해 얻는 정보와는 질적으로 다른 것이다. 조용히 혼자 책을 읽는 안정감과 끝까지 읽어 내는 인내심을 배우고 다 읽은 후에 얻어지는 성취감에서 인간은 내적성장을 이룰 수 있기 때문이다.

세계 속에 우뚝 선
한약 대표브랜드

의료법인 편강의료재단 이사장 **서 효 석**

'편강탕'은 폐에 쌓인 적혈을 없애는데 초점을 맞추었으며 폐의 기운을 높이는 약재를 사용해 각종 호흡기 질환을 근본적으로 치료한다. 무엇보다 금은화·사삼 등 10여 가지 약재가 들어간 편강탕은 기존 한약과 달리 맛이 쓰지 않아 남녀노소, 외국인들도 쉽게 복용할 수 있다는 장점이 있다.

한의사로서 2006년 한 해 전국에서 가장 많은 소득세를 낸 사람이 편강한의원의 서효석 이사장이다. 자그만치 17억 원이란 금액이다. 소득 수준이 높기로 소문이 나있는 대한민국 한의사들 가운데에서 1위라는 사실은 정말로 대단한 것이다. 그는 25년간의 연구와 임상치료 경험을 집대성하여 질환별로 21종의 각기 다른 '편강탕'을 만들었다. 국내 제일의 대표적 한약브랜드로 성장한 편강탕이 불과 10년만에 이제 미국 캐나다 중국 등 전 세계로 수출되고 있다. 현재 편강탕은 그의 얼굴과 함께 국내 주요일간지와 여성잡지는 물론 해외 교포사회 각종 매스콤의 전면을 장식하고 있다. 믿을 수 없을 만큼 전 세계적으로 급속히 편강탕의 효과가 전파되고 있는 것이다.

"폐의 기능을 높여 주면 편도선염이나 비염·천식·아토피의 치료가 가능해집니다. 폐활량이 증가하면 림프구가 활발해지고 혈액이 맑고 건강해져, 여드

름 기미 검버섯 등 고질화된 피부질환도 개선할 수 있지요. 우리가 흔히 말하는 심폐기능이란 폐와 심장의 깊은 관계를 의미하듯 편강탕으로 인해 폐와 심장이 함께 강화됩니다.”

뿐만 아니라 피부와 폐는 일종의 호흡 기관으로 서로 밀접한 관계가 있다는 사실을 새로이 확인했다. 그는 우선 편강탕의 효능으로 네 가지의 변화를 꼽는다. 몸이 가볍고 피곤하지 않으며 피부가 밝고 윤기가 난다. 산에 오르거나 달리기를 해도 숨이 덜 차고 감기에 잘 걸리지 않는다. 편강탕은 폐에 쌓인 적혈을 없애는데 초점을 맞추었으며 폐의 기운을 높이는 약재를 사용해 각종 호흡기 질환을 근본적으로 치료하고 있기 때문이다. 무엇보다 금은화 · 사삼 등 10여 가지 약재가 들어간 편강탕은 기존 한약과 달리 맛이 쓰지 않아 남녀노소, 외국인들도 쉽게 복용할 수 있다는 장점이 있다.

재작년 5월 서울 소공동 롯데 호텔에서 열린 WORLD · OKTA 창립25주년 및 세계대표자 대회에서 OKTA측이 편강탕을 ‘한약의 대표 브랜드’로 공식선언했다. 2002년 이후 이미 미국으로의 수출이 시작되었으며 한의학의 발원지이자 거대 시장인 중국에 편강탕 제조 공장을 건설했다. 이것은 2005년 10월 코엑스에서 개최된 세계화상(華商)대회 전시회, 즉 전 세계의 중국 상인들 30개 국 2,500여 명이 모인 자리에서 ‘편강탕’과 ‘편강환’을 출품하여 적극적인 호응을 얻은 결과이다.

두바이처럼 더운 중동 지방에서는 24시간 에어컨을 키고 살기 때문에 비염 환자가 많은데 이곳 대기업 총수 아들이 비염으로 고생하다가 편강탕으로 완치되었다. 아랍권에까지 한의학에 대한 신뢰감을 새로이 구축한 한 예이다. 그는 현재 대한민국 한의학을 대표하는 세계적인 브랜드로 성장시키기 위해 편강탕을 코카콜라와 같이 대중 음료화시켜 전 세계로 보급하는 일을 추진하고 있다. 단순한 청량음료가 아닌 폐 기능을 강화시키는 건강음료로의 발돋움인 것이다.

그는 요즈음 하루 24시간이 모자랄 정도로 바쁘다. 대한민국 각종 매스컴을 통해 한의학계를 대표하는 한의사로서 국민 건강을 상담해 주는 역할을 하고 있기 때문이다. 이제는 국내뿐만 아니라 국제적으로 수많은 강연과 사업 제의를 받고 있다. (인터넷 회사인 네이버·다음·구글 등의 홈페이지 검색창 ‘편강탕’을 클릭하게 되면 언제든 그와 만날 수 있다.)

서효석 원장은 우리가 거주하고 있는 군포시에서 없어서는 안될 중요한 인사이다. 지금까지 군포시민을 위해 헌신해 온 모든 것을 정리해 본다면 어느 지역 정치인이나 문화예술인들도 그를 따를 수 없다. 민주평화통일자문위원, 군포시 바둑협회회장, 탁구협회회장, 노인대학장 등을 맡아 오면서 사회적 나눔에 앞장을 서왔다. 무엇보다 그가 가장 큰 보람으로 느끼고 있는 것은 가정형편이 어려운 탁구 꿈나무, 바둑 꿈나무들을 키우는 일이다. 특히 탁구 신동이라고 불리는 차세대 꿈나무 ‘양하은(군포중 3년)’ 은 내년에는 국가대표로 선발될 것으로 예상되고 있어 군포시 ‘제2의 김연아’ 로 불리울 기대를 한껏 부풀리고 있다. 서효석 이사장 자신도 아마츄어 바둑 6단으로 프로와 맞먹는 바둑실력을 가지고 있으며 군포시 탁구대회에서 장년부 우승을 다투는 스포츠맨으로서의 재능도 겸비하고 있다.

그가 평생 심신을 다해 바쳐 온 한약업계에서의 연구 업적이 편강탕을 통해 전 세계로 빛을 발하고 있다. 군포시민들의 자랑일 뿐만 아니라 대한민국 한약계의 긍지를 살린 한약계 대부(代父)로서 그 위치를 전 세계적으로 굳혀가고 있는 것이다.

유전무죄, 무전유죄는 법률적 실제 단면

법무법인 율목 변호사 **석 경 수**

법이란 원칙과 상식을 기초로 만들어진 것이지만, 양자 간에 일어 난 행위의 근본적인 당위성과 분명한 입장을 증명해 보일 수 있는 증거나 증인의 유무에 따라 판결이 달라질 수 있다.

"돈 많은 사람들은 큰 죄를 지어도 모두 법망을 빠져나가고, 돈 없고 힘 없는 사람은 작은 죄를 지어도 징역을 산다는 의식이 아직도 우리 사회에 팽배해 있지요. 이것은 일반적 사실은 아니지만 특히 형사사건에 있어서는 이러한 경우가 어디서든 가능하다고 생각합니다. 재판과정에서 수임료가 높은 능력 있는 변호사를 선임할 수 있는 피고의 경제적 능력 차이가 법정 판결에 큰 영향을 끼칠 수 있다는 사실을 의미하지요."

우리가 영화를 보면 범죄와 살인을 밥 먹듯이 저지르는 마피아 두목도 최고의 로펌 변호사를 고용해 무죄 판결을 받고 당당하게 재판정을 빠져나오는 모습들을 볼 수 있다. 이것은 한 마디로 미국 법조계의 부도덕성을 말하기보다 엄청난 보수를 받는 로펌의 전문 변호사들이 유죄로 생각되는 피고인의 정황을 유리하게 이끌어 형량을 줄이거나 무죄로 만들어 내는 비인도적 사실을 말하는 것이다.

　법이란 원칙과 상식을 기초로 만들어진 것이지만, 양자 간에 일어 난 행위의 근본적인 당위성과 분명한 입장을 증명해 보일 수 있는 증거나 증인의 유무에 따라 판결이 달라질 수 있다. 사실을 왜곡시키는 일부 타락한 법조인들이 존재 하는 것도 사실이지만 항소와 상고라는 3심 제도가 있어 뚜렷한 사실을 정반대 로 왜곡시킬 수 있는 경우는 극히 드물다. 또한 대한민국 대부분의 판·검사들 은 정의의 편에 서서 올바른 판결을 위해 힘쓰고 있다고 그는 단언한다.

　석경수 변호사의 첫 인상은 하이칼라를 상징하는 최고의 직업인인 변호사답 지 않게 시골에서 갓 올라 온, 너무나 수더분하고 솔직 담백한 인간미가 외모에 서 물씬 풍긴다.

　"대구 성당동이 제 고향이며 영남대학교 법대 87학번입니다. 대학을 졸업한 후에 은행에서 1년간 근무하다 성격에 맞지 않아 사직하고 사법고시 준비를 결 심했지요. 서울로 상경해 신림동 고시촌에서 부모님의 뒷 바라지로 1차 시험은 합격했지만 2차 시험에 번번이 낙방하다가 마지막이란 생각으로 5번 째 도전 끝에 간신히 합격했습니다."

　사법고시 도전 6년만의 성공이라 35세의 노총각으로 뒤 늦게 연수원에 입학 하게 되고 38세가 되어서야 노총각 딱지를 떼고 결혼에 골인할 수 있었다. 그는 대한민국에서 8475번째 변호사로 등록하는 영광과 함께 치열한 경쟁사회인 생 활 전선으로 뛰어 들었다. (연수원을 졸업하는 1,000여 명의 연수생 중에 성적이 우수한 200여 명만이 판, 검사나 로펌 취업이 가능하다고 한다.) 늦은 나이와 고 향의 부모님을 생각해 변호사로서의 경제적 안정을 선택할 수밖에 없었다. 자 신이 개업할 수 있는 지역을 선정하기 위해 수소문하던 중 당시 단 한 개의 변호 사 사무실밖에 없었던 군포지역에 자리 잡기로 결정했다. 2005년 4월 23일 군포 시청과 청소년회관 사이에 신축된 '동명센트럴타워'에 5명 변호사를 그룹으로 한 법무법인 〈율목〉 사무실을 오픈한 것이다.

"처음 군포지역사회에 아무런 연고가 없어 상공회의소·경실련·민우회 등 많은 단체에 가입해 열심히 무료법률상담을 하면서 점차 안면을 넓혀 나갔지요. 지방 유지들은 물론 자치센터·복지관·부녀회에까지 찾아가 일반 주민들과의 관계를 돈독히 하기위해 힘썼습니다. 첫 한 달은 한 건의 수임도 없었지만 발로 뛰는 지역봉사의 결과인지 점차 의뢰인들이 늘어났지요. 이렇게 맺은 군포시민들과의 인연으로 저는 앞으로도 변함없이 지역사회를 위한 무료봉사를 계속할 것입니다."

필자의 질문에 따라 요즈음 법과대학을 '로스쿨' 전환하는 대한민국 법조계 대혁신을 다음과 같이 설명한다.

"대한민국의 법률은 독일 법제도에서 따온 대륙법으로 성문법을 기초로 한 것이기 때문에 법전, 즉 책에 써 있는 법 조항을 근거로 한 원칙적인 판결을 중시하지요. 반면 미국과 같이 영미법을 중시하는 나라는 과거의 판례를 중시하며 배심원 제도를 도입해 피의자의 인간적 측면을 배려하는 성향이 강합니다."

정당한 법의 서비스를 받을 수 있는 차원에 있어서는 서로의 차이가 없다는 그의 설명이다.

현재 대한민국은 인구 4,000명 당 변호사가 1명인 반면, 미국은 변호사가 인구 400명 당 1명이다. 이로 인해 미국변호사들 중 절반 이상이 변호사 개업은 물론, 일반기업에도 취업하지 못하여 사회적 물의를 일으키며 지나 친 고소 고발사태로 인한 사회적·경제적 손실이 엄청나게 크다고 한다.

"미국인들과는 달리 우리 국민들의 교육 수준이 높아 소액 재판이나 등기업무의 대부분은 본인들이 직접 서류를 작성하고 접수시켜 본인소송을 할 수 있습니다. 더 적극적 분들은 인터넷을 통해 재판과정에 대한 준비와 절차를 익힌 다음 직접 법정에 서서 고발, 또는 변론하는 경우도 많아졌어요. 우리 군포시에 현재 변호사 사무실이 5개가 있는 반면 법무사 사무실이 15개소 이상 있어 법적 사무 처리를 대신해 주고 있기 때문에 대한민국 변호사들의 생존권 또한 그만큼 위협받고 있는 것도 사실이지요.”

군포지역은 베드타운이기 때문에 자신이 수임하고 있는 형사사건은 일 년에 5~6건에 지나지 않는 반면 아파트건물 하자 문제, 부녀회와 입주자 대표자와의 분쟁, 채권 채무관계와 특허관련 문의가 대부분이다. 그러나 대부분 합의로 끝나고 소송에 까지 이르는 경우는 흔치 않다는 것이다.

그는 서울이나 안양지역에 비해서는 군포시민들이 훨씬 인간적이며 순수하고 정에 이끌릴 수 있다는 점에서 군포지역에서 자리 잡은 것에 매우 만족해하고 있다. 석경수 변호사의 솔직하고도 서민적인 인상과 말투는 어딘지 모르게 인간적 신뢰감을 느끼게 해준다. 변호사가 되기 전 그가 경험해야 했던 헝그리 마인드와 칠전팔기 불굴의 정신이 경기침체로 인해 법적 보호를 받기 힘들어진 서민들의 작은 등대가 되어 주리란 희망을 갖게 만든다.

문학이란, 인간군상에 대한 관심

소설가 성석제

시(詩)는 자기 자신만으로 완성될 수 있지만, 소설은 작가의 의식이 글을 통해 독자들과 공감을 불러일으킬 수 있어야 완성될 수 있어요. 소설은 문화적 유적이며 시민사회의 대중적 공간을 확보하는 작업이기에 인간 군상에 대한 관심과 연구 없이는 불가능합니다.

작가 성석제를 흔히 이 시대 최고의 이야기꾼이라 말한다. 셀 수 없이 많은 유형의 인물들이 그의 작품에 등장하기 때문만 아니라 이들 삶을 여과 없이 그려내고 있기 때문이다. 이 많은 등장인물들은 그냥 만들진 것이 아니라 다양한 경로를 통하여 만나고 경험한 인물들이다. 그래서 그는 평소에 많은 시간을 여행을 하며 보낸다.

본능적인 삶, 규범이나 형식을 넘어선 자유로운 계층의 사람들을 좋아하기에 깡패·노름꾼·제비 등 소외계층이 상류층 인간들을 통쾌하게 속이는 모습들을 자주 그려낸다. 이렇게 본질적 슬픔과 분노, 감동의 밑바닥까지 체험한 이들을 표현한 감각적이며 함축적인 묘사가 그의 가장 큰 매력이다.

"시(詩)는 자기 자신만으로 완성될 수 있지만, 소설은 작가의 의식이 글을 통해 독자들과 공감을 불러일으킬 수 있어야 완성될 수 있어요. 소설은 문화적 유

적이며 시민사회의 대중적 공간을 확보하는 작업이기에 인간 군상에 대한 관심과 연구 없이는 불가능 합니다."

그는 1986년 6월 시로 등단했다. 1991년 첫 시집을 냈으나 직장을 다니면서 시를 써야하는 시간적 제약에 부딪치게 되자 1994년 과감히 직장을 그만두고 작품에만 몰두하기로 했다. 그러나 부족한 생활비에 쫓겨 무작정 원고를 쓰다 보니 시만으로는 수입이 부족해 산문과 소설 쪽으로 방향을 돌리게 되었다고 말한다.

"저는 기억력이 아주 나빠요. 제가 쓴 글도 항상 새로운 느낌으로 읽혀진답니다. 그래서 글 쓰는 작업보다 교정보는 작업에 더 많은 시간과 노력이 필요하지요. 10차례 이상의 교정 작업은 고통의 시간입니다. 글을 쓰고 교정하는 작업보다는 전국을 여행하며 사람들과 만나 대화하는 취재여행이 훨씬 즐거워요. 에너지를 충전하는 보람 있는 시간이지요."

결국 작가란 글을 쓰는 피와 땀의 고통스러운 작업으로 먹고사는 원고 노동자이다. 퇴직금도 연금도 미래에 대한 보장도 없는 일당을 벌어야 한다. 그러나 자신의 시간을 마음대로 할애할 수 있는 자유업의 즐거움도 있다. 그는 1984년도에 원고지 1매 당 1만 원의 고료를 받았다. 그러나 13년이 지난 지금도 고료는 마찬가지 수준이기에 경제적인 어려움이 크다고 한다. 그래서인지 그는 다작이다. 지금까지 일 년 평균 3편의 단편을 쓰고, 모두 4편의 장편소설을 썼다. 평생 100만 부의 책이 팔려야 계산이 되는데 지금까지 20만 부 정도 밖에 팔리지 않아 더 많은 작품을 써야한다며 인기작가로서의 엄살 아닌 엄살을 부린다. 단행본으로 출간할 소설도 신문이나 잡지에 연재되거나 선수금을 받지 않으면 그나마 출판된다는 보장도 없다는 것이다.

"저는 첫 번째 소설은 재미있어야 하고, 두 번째 감동을 줄 수 있는 스토리, 세 번째로 문장력이 뛰어나야 한다고 생각합니다. 최근 젊은 신인작가들의 치밀한

구성과 순수함이 묻어 난 완성도 높은 작품들이 많이 나오지요. 하지만 이해하기 어려운 스토리 구성과 난해한 표현으로 독자들이 외면하는 경우가 많은 것 같아요. 이야기꾼인 황석영, 김훈 같은 작가들과의 조화가 필요한 시점이 아닌가 생각됩니다."

소설가 성석제는 군포를 사랑하는 군포인이다. 1994년 소설을 쓰기위한 6개월간의 임시 거주지를 찾아 서울에서 군포로 오게 되었다고 한다. 그러나 그 후에도 군포를 떠나지 못했다. 깨끗하고 교통 좋은, 무엇보다 수리산이 있어 군포를 떠날 수 없었다고 한다. 두 자녀들도 모두 그가 거주하고 있는 3단지 부근 흥진중학교를 다니고 있다.

"이곳에 올 당시 소설가 윤흥길 · 박순녀 · 이혜경, 평론가 임헌영, 리영희 선생님 등 제가 존경하는 선배 작가님들이 살고 계셨어요. 군포시는 문학 작가들의 보금자리와 같은 도시입니다. 지금까지 제가 군포시란 지역사회를 위해 특별히 기여한 사실은 없습니다. 그러나 군포에 살고 있다는 자긍심과 시민의 한 사람으로서 의무를 충실히 다 하는 것으로 군포사랑을 대신하고 싶습니다."

필자는 수리샘문학회와 산본도서관이 주최한 강연회에서 소설가 성석제를 처음 만날 수 있었다. 그동안 성석제는 한국문단이나 지역사회의 공식적인 모임에 좀처럼 얼굴을 내밀지 않았다. 그러기에 이 자리가 더욱 뜻 깊은 자리가 되었다.

소설가가 되려고 해서 된 것이 아니라 운명적으로 소설가가 되었다는 소박한 그의 말과 모습에서 이야기꾼 모습이 아닌 일상생활에서의 성실한 모범생 이미지를 우리 모두에게 남겼다.

성석제 1960년 경북 상주 출생. 연세대학교 법학과 졸업. 1986년 〈문학사상〉 시 부분 신인상 수상. 1997년 〈한국일보〉 문학상, 2000년 제13회 '동서문학상' 2001년 제2회 '이효석문학상', 2002년 '동인문학상', 2005년 제13회 '오영수문학상' 등 수상.
장편소설 「왕을 찾아서」 「궁전의 새」 「순정」. 소설집 「새가 되었네」 「재미나는 인생」 「호랑이를 봤다」 「황만근은 이렇게 말했다」 「홀림」 등 다수.

군포에 뿌리를 둔
지역문화의 선구자

군포시문화원 원장 **송 윤 석**

군포시에는 조선 세종(世宗)이래 600여 년의 오랜 역사를 가진 종중인 송씨 재실이 있다. 바로 여산 송씨 정가공파 재궁종회의 재실이다.

군포시는 고색찬연한 문화적 전통과 수려한 자연이 조화를 이룬 수리산 자락에 터를 잡은 평화롭고 쾌적한 신도시이다. 군포시만의 향토문화를 창달하고 우리 군포시민들의 긍지를 살리는 문화도시로 성장하기 위해 군포문화원은 2004년 '문화헌장'을 제정하고 공포했다. 필자는 군포시 전통문화의 선봉에 서서 군포시민들이 문화적 삶을 풍족히 향유할 수 있도록 항상 앞장서 일해 온 송윤석 원장을 만나 보았다.

군포시에는 조선 세종(世宗)이래 600여 년의 오랜 역사를 가진 종중인 송씨 재실이 있다. 바로 여산 송씨 정가공파 재궁종회의 재실이다. 이곳은 조선 초기에 해주목사(牧使:도지사와 같은 직급)와 한성판윤(判尹:정이품으로 지금의 서울시장)을 지낸 송복산과 그 아들을 모신 선영이 있는 곳으로, 송윤석 원장이 바로 여산 송씨의 석(石)자 돌림 27대 자손이다. "군포시청 건물 뒤 언덕에 위치한 공원과 현충탑이 있는 이곳 옛 지명이 '승지골' 이었는데 이 일대는 나라에서 내린 사패지로 모두 우리 가문의 땅이지요. 1995년 군포시 사업계획에 협조해 현

충탑 건설을 위한 1,000평 부지를 무상으로 기증하는 대신 '송복산'의 호인 묵재(默齋)란 이름을 따 송씨 가문의 재실인 '묵음재'를 건립하게 되었지요." 산본 신도시의 건설로 송씨 일가 땅들이 정부에 수용되면서 적지 않은 보상금을 받게 되었지만 자손들이 나누어 갖는 대신 이 돈을 기금으로 재궁종회를 만들었다.

"조상의 땅을 팔아 돈을 분배하는 과정에서 종손들끼리의 분쟁이 생겨 파국을 맞이한 경우들을 잘 알고 있습니다. 저희 종회는 땅을 절대 임의로 팔지 않기로 결정했지요. 결혼해 가정을 이룬 80여 명의 회원을 중심으로 이사회를 만들어 이 기금을 일 년에 네 번씩 치루고 있는 제사 및 민속행사, 그리고 송씨 자손들을 위한 장학금(모든 학비의 50%를 지불)과 은퇴한 노인복지를 위해서만 사용하기로 결정한 것입니다." 이러한 결정으로 송씨 종회는 남녀노소를 불문하고 이사회를 중심으로 강한 결속력과 높은 참여율을 보이고 있다. 또한 군포지역 사회를 위해 우리나라 고유 전통건축양식인 '묵음재'의 건물과 부지를 군포시내 여러 기관 및 시민단체가 벌이는 전통문화행사·성년식·결혼식·문화강좌를 위해 널리 개방하고 있다.

송윤석 원장은 일제 강점기인 1936년 이곳 군포에서 태어나 1945년 군포초등학교 2학년 때 해방을 맞이했으며 6·25사변 등 격동의 한국근대사를 이곳 군포시에서 생생하게 체험한 살아있는 증인 중 한 사람이다. "저의 증조할아버지는 훈장님이셨어요. 지금의 '이마트'가 있는 곳에서 금정역까지 흐르던 산본천(川)은 어린아이들이 벌거벗고 멱을 감던 곳이었지요. 지금도 밤마다 참외와 수박밭을 지키던 30여 개의 원두막에서 여름방학을 보내던 시절들을 꿈속에서 만나고 있답니다." 군대를 제대하고 고향에 돌아와 젊은 나이로 동네 이장(里長)일을 맡았으며 이후 면사무소의 서기일과 시흥군 건설과에서 10년간 공직생활을 하기도 했다. 그러나 한시도 땅을 떠나 살아 본 적이 없는 타고 난 농민이다. 조상이 남긴 논과 밭을 일구고, 양돈·양계를 통하여 얻어진 수익으로 아들 둘과 딸 셋을 모두 교육 시킨 장한 아버지이기도 하다.

"저는 지금 산본장로교회의 원로장로입니다. 1948년 서울 영락교회 한경직 목사님의 전도 팀이 이곳에 내려와 전도활동을 벌인 후 세운 교회이지요. 제가 중고등부 부장일 때, 요즘 자주 매스컴을 타고 계신 장경동 목사님이 교육전도사로 일하고 계셨어요. 저는 무엇보다 군포시의 기독교 초기역사를 지켜온 한 사람으로서 자랑스러움과 긍지를 느낍니다."

그뿐 아니다. 그는 군포시 초대 시의원 및 부의장, 군포YMCA 초대이사장, 민주평통자문위원, 군포희망21실천협의회 상임의장 등 수 많은 지역 단체장 및 임원을 역임하면서 우리 군포시 초창기 역사의 한 페이지를 장식하고 있는 주요 인사 중 한 사람이다. "어제의 삶이 오늘의 문화가 되었듯, 오늘 우리의 삶이 내일의 문화로 우리 후손들에게 전해질 것입니다. 우리 군포시만의 전통문화를 보존·발전시키면서 이것을 오늘의 문화로 새로이 자리매김하는 데 절대 게을리해서는 안 될 것입니다." 우리 지역만의 전통문화를 전승하고 끊임없이 발전시켜온 그의 노력이 우리 조상과 고장에 대한 자긍심이 되어 우리 군포시는 전국 제일가는 문화도시로 발전하게 될 것이다.

태권도는 효와 예를 가르치는 무도(武道)

군포시 태권도협회 회장 양대석

아이들과 부모의 눈치를 보거나 비위를 맞추면서까지 관원들을 늘리려는 생각은 전혀 없습니다. 태권도를 통해 과잉보호로 자란 유약한 어린이들의 강한 정신력과 체력을 키우는 것이 저의 교육목표이기 때문입니다.

"태권도는 겨루기 · 품세 · 격파 등의 기술향상보다는 강한 정신력을 바탕으로 올바른 예의범절을 가르치는 것을 우선해야 합니다. 군포시에만 60여 곳의 태권도 도장이 있어 관원 유치를 위한 과잉경쟁이 있는 것도 사실입니다. 그러나 아이들과 부모의 눈치를 보거나 비위를 맞추면서까지 관원들을 늘리려는 생각은 전혀 없습니다. 태권도를 통해 과잉보호로 자란 유약한 어린이들의 강한 정신력과 체력을 키우는 것이 저의 교육목표이기 때문입니다."

양대석 회장(관장)은 태권도에 입문한지 44년이 되었으며 지도자로서 제자들을 가르친 것이 33년이나 된다. 그리고 군포에서만 24년째 경희대 정우태권도장인 군포시 재궁동(1관)과 궁내동(2관), 화성시 진안동(3관) 도장을 함께 운영하고 있다. 부인(백영자 4단)과 큰 딸(양수진 28세 5단), 둘째 딸(양혜진 26세 5단), 막내 아들(양승욱 24세 5단) 가족 5인 모두가 사범으로 도장 운영에 참여하고 있다. 2007년 9월 양대석 관장은 태권도 원로로서 현재 세계적으로 몇 명 되

지 않는 최고단인 9단 단증을 수여받았다. 이에 따라 5인 가족 모두의 단수를 합하게 되면 28단이 되는 대한민국 최고 태권도 가족이다.

"태권도는 본 고장이 대한민국이면서도 국내보다 외국에서 더 많은 인기와 영향력을 떨치고 있습니다. 제가 시범경기를 위해 외국을 순방할 때마다 국빈급의 대접과 존경을 받는 이유도 태권도가 일본 무술인 가라데(KARATE)나 중국의 쿵푸와는 다른 전통 한국사상인 효(孝)와 예(禮) 개념의 무술이기 때문입니다."

태권도가 부모님, 선생님, 연장자에게는 무조건 존경과 복종을 표시하는 예절의 무술인 반면 외국의 무술은 나이보다는 직급과 능력, 기술의 차이로 계급을 매기고 평가하는 문화이다. 때문에 태권도를 배우는 자녀들이 부모에 대한 감사와 존경을 표시하는 모습에 감동한 외국인들이 스스로 이웃 사람들에게 태권도의 우수성을 전파한다는 것이다.

양대석 관장은 한 달에 한 번씩 학생들에게 '나의 약속 실천하기' 를 제출하게 한다. 부모한테 큰절하기, 부모와 조부모 생년월일 외우기, 부모님께 감사편지 쓰기, 부모님자랑 10가지 쓰기 등을 실행하는 일기다. 실천하는 아이들은 '스마일 상품권' 이나 '효도 상품권' 을 받아 부모들에게 선물하게 한다. 이를 실천하지 못하거나 올 바른 식(食)습관을 갖지 못하면 승급심사조차 허용되지 않는다. 태권도를 배울 자격이 없는 것이다.

"버릇없이 부모에게 반말하거나 선생에게 욕을 하는 아이들은 저에게 체벌을 받습니다. 지역 유지 아들을 체벌했다고 경찰서 서장실까지 불려 갔지만 오히려 고맙다며 서장님으로부터 표창장을 받게 된 적도 있었어요. 특히 부유한 가정일수록 가르치는 것이 아니라 자녀들을 받들어 모시며 눌려 사는 부모들이 의외로 많습니다. 가출은 물론 부모에게 욕하거나 침을 뱉고 주먹까지 휘두르는 자녀들이 태권도를 배우면 불량배나 깡패가 되고 결국 범죄자가 되기 쉽습니다.”

　도장 안에서의 엄격한 ‘사랑의 매’로 인해 경찰서 뿐만 아니라 학교 교장선생님들로부터 감사의 전화와 편지도 많이 받았다. 학교에서 훈육할 수 없었던 아이들이 태권도 도장에 다니면서 예의 바른 학생으로 달라졌기 때문이다. 이기적이며 편협한 부모에게는 반항하지만 헌신적인 부모사랑을 깨닫고 있는 자녀들은 아무리 엄격한 야단과 체벌이라도 달게 받는다는 사실을 잘 알고 있다.

　그가 7살 어린나이에 아버지를 잃고 큰 사고를 당한 어머니와 거친 환경에서 자라나야만 했다. 불행의 응어리를 풀기위해 배운 태권도였지만 남다른 기량으로 인해 서울 남산공전의 태권도 특기생으로 학업을 이어 나갈 수 있었다. 어느 날 어머니가 안양 남부시장에서 노점상을 하는 모습을 보고 어떻게 해서든 돈을 많이 벌어 어머니를 편하게 모실 것을 결심한다. 낮에는 동네에서 태권도 사범을 하면서 새벽에는 우유나 신문배달, 밤에는 야간경비원 등 닥치는 대로 일해 번 돈으로 산본 신도시 2단지 부근의 태권도장을 선배로부터 인수 받게 되었다.

　“제 자식들도 엄하고 검소하게 키웠습니다. 딸아이들은 청소하고 빨래해야 용돈을 주고 아들은 노동현장에 내 보내 돈을 번다는 것이 얼마나 힘든 가를 직접 경험하게 했지요. 어릴 때는 반항도 했지만 성인이 되어 사회생활에 뛰어 들면서 비로소 부모 마음을 이해하게 되었다고 이야기할 때 정말 보람을 느꼈습니다.”

　그의 다섯 가족 가운데 세 명이 경희대학교 출신이다. 둘째 딸은 태권도 특기생으로 경희대 체육과를 졸업했으며 아들은 태권도학과 재학 중 해외협력단의 일원으로 아프리카 튀지지에서 사범생활을 했으며 현재 아버지를 도와 도장을 운영하고 있다. 양대석 관장 자신도 늦은 나이에도 불구하고 수능시험을 보고 일반학생으로 경희대 태권도 학과 학사와 석사학위를 얻는 큰 결실을 맺었다.

자녀들에게 아버지도 무엇이든 노력만 한다면 해 낼 수 있다는 사실을 증명해 보인 것이다.

필자는 태권도를 통해 어려운 시련을 극복하고 성공한 지도자의 길을 걸으며 태권도 가족으로 효와 예의 모범이 되고 있는 그와의 만남을 큰 영광으로 생각하며 인터뷰를 마쳤다.

영혼을 표현하는
이 시대의 진정한 춤꾼

양대승무용연구소 소장 양 대 승

사람들은 춤을 육체의 언어라고 한다. 또한 호흡의 예술이라고 하며 우리의 몸을 악기로 사용하여 표현하는 예술이라고 한다. 손끝과 발끝, 그 발끝의 하얀 버선코, 사뿐하게 딛는 발 디딤, 그 모든 동작 하나하나에 춤추는 이의 정신과 영혼이 담긴다.

"국내 굴지 규모인 군포문화예술회관 공연장을 이용해 매년 '세계무용대축제'를 벌인다면 군포시는 머지않아 춤의 도시로서의 명성을 얻게 될 것입니다. 우리나라 고전무용은 물론 세계 각국의 민속무용·서양의 전통발레·스포츠댄스·재즈댄스·에어로빅·젊은이들의 브레이크댄스 등 세계 각국의 모든 춤이 한자리에 모이는 '춤의 축제'가 군포시에서 열리게 된다면 세계인들의 관심을 끌어 모을 수 있을 것 입니다."

과거 군포시는 문화 예술의 기반이 약한 작고 평범한 도시였다. 그러나 언젠가 군포시도 영국의 '에딘버러' 시(市)의 무용축제나 스위스 '로잔' 시의 발레 콩쿠르와 같이 세계적인 예술과 춤의 도시로 각인될 것을 양대승 원장은 염원하고 있다.

양대승 원장은 1964년생으로 산과 들이 어우러지고 이름 모를 들꽃들이 계절

따라 피는 전남 구례 지리산 자락에서 태어났다. 설·정월대보름·추석·단오 등 우리 고유 명절 때 마다 벌어지는 농악과 화전놀이 등이 마을 곳곳에서 펼쳐지던 산골 마을이다. 이렇게 아름다운 자연이 있고 옛 가락과 춤이 넘쳐흐르던 고향 산천에서 어린 시절부터 어렴풋하나마 전통예술에 대한 꿈을 키우기 시작했다. 고등학교 진학과 더불어 남자로서는 쉽지 않은 선택인 춤꾼으로서의 외길을 걷게 된다. 대학에서 무용을 전공하고 서울시립무용단 단원으로 활동하면서 서서히 두각을 나타내기 시작했다. 각종 공연에서 주역을 차지하고 국내는 물론 해외 공연을 다니며 그의 뛰어난 역량을 발휘한다.

"80년대만 해도 남자가 무용을 한다는 것에 대한 이해가 없어 부모님의 반대는 물론 주위사람들에게도 무용을 배운다는 사실을 숨기고 다녔었지요. 그러나 춤에 대한 열정은 감출 수 없었기에 50여 명의 단원들 중에 제가 가장 연습을 많이 하여 연습벌레란 별명을 얻기도 했습니다."

한양대학 교육대학원 진학과 함께 중요무형문화재 제27호(이매방 류) 승무 이수자이며 제97호(이매방 류) 살풀이춤의 전수자가 되었다. 지금은 고인(故人)이 된 중요무형문화재 제72호(박병천 류)로부터 20년 동안 진도 북춤을 전수받은 수석 전수자로 무용계나 국악계에서 남자로는 유일하게 중앙의 무대에서도 인정받았다. 이 춤은 남자 북춤으로 이미 수차례 호암아트홀 등 한국 명인명무전에 초청되었고 대통령 표창·전국 무용제 은상·경기예술대상·한국무용협

174

회 공로상·군포시 문화상 등 수 많은 상(賞)들을 수상했다.

사람들은 춤을 육체의 언어라고 한다. 또한 호흡의 예술이라고 하며 우리의 몸을 악기로 사용하여 표현하는 예술이라고 한다. 손끝과 발끝, 그 발끝의 하얀 버선코, 사뿐하게 딛는 발 디딤, 그 모든 동작 하나하나에 춤추는 이의 정신과 영혼이 담긴다. 춤에는 우리의 삶이 담기고 또 다른 새로운 생명이 탄생되기도 한다.

"우리나라 전통춤은 격정적이면서도 우아하고 남녀노소 모두 하나가 되어 흥을 돋울 수 있지요. 춤을 통해 몸과 영혼이 하나가 되는 무아의 경지가 없으면 그 의미가 제대로 표현된 것이 아닙니다. 춤은 우리 몸 모든 구조가 서로 연관되면서 하나의 주제를 표현해야 하기 때문에 기(氣)가 하나로 모아져야 합니다. 온 몸의 기가 손가락 끝 하나하나로 모두 전해질 때 한국적인 섬세함과 강인함이 어우러져 표현될 수 있지요."

우리의 전통무용은 조상의 문화와 얼을 느낄 수 있을 뿐 만 아니라 몸을 유연하고 강인하게 만드는 장점이 있다. 몸의 자세를 바르게 가질 수 있고 음악의 장단과 리듬을 탈 줄 알게 되고 서로간의 화합과 협동심을 배울 수 있어 2세 교육의 좋은 방편이 될 수 있다.

"15년 전 군포시 산본중심상가에 '양대승무용연구소'를 세우고 지금까지 많은 제자들을 키워 왔습니다. 군포시민들에게 보답할 수 있는 길은 오직 좋은 공연을 통해 시민들에게 한 발 더 다가서는 것이라 생각합니다."

그는 지금까지 군포시민이라면 누구나 우리의 전통 무용을 쉽게 접할 수 있도록 지역 사회에서 많은 일들을 이루어 가고 있다. 군포예총창립을 이끌었으며 군포무용협회 지부장, 군포예총 부회장, 군포경실련 초대 문화예술위원장, 군포문화원 이사, 경기도무용협회 수석부회장 등 각 종 예술 분야에서 활발하게 활동하고 있다.

공존과 상생을 위해 봉사하는 자세로……

군포시 시의원 양재숙

그녀에게 시의원에 출마하라는 권유가 있었다. 최소한 한 지역구만이라도 여성특구를 지정하고 여성지도자가 선출되어야 한다는 한나라당의 정책적 배려였다. 1996년 이후부터 기계 부품공장인 태양정밀을 운영해온 여성CEO로서의 경험과 지난 5년간 군포시여성경제인협회 회장을 맡아 온 양재숙 의원의 모든 이력을 감안한 정치적 제안이었다.

"시의원이란 관할지역 주민 모두를 위한 대변인이자 주민대표로서 자치행정 기관과 협의하여 보다 살기 좋은 지역으로 만드는데 기여하는 사람입니다. 지역 현안에 대한 민원인과의 면담과 현장답사, 조사·분석을 위해 많은 연구와 시간이 필요한 전문직업인이지요. 그러나 대부분의 시의원들은 지역주민들의 경조사나 각종 행사에 참여하느라 많은 시간적 경제적인 손실을 감수해야 합니다."

양재숙 의원은 유일하게 지난 선거에서 지역주민들에 의해 투표로 선출된 군포시 여성시의원이다. 그것도 경쟁자인 4선 의원을 물리치고 전체 유권자수 52%의 지지를 얻어 압도적인 1위로 당선되었기에 의미가 더욱 크다.

아무 생각도 준비도 전혀 없었던 그녀에게 시의원에 출마하라는 권유가 있었다. 최소한 한 지역구만이라도 여성특구를 지정하고 여성지도자가 선출되어야 한다는 한나라당의 정책적 배려였다. 1996년 이후부터 기계 부품공장인 태양정

밀을 운영해온 여성CEO로서의 경험과 지난 5년간 군포시여성경제인협회 회장을 맡아 온 양재숙 의원의 모든 이력을 감안한 정치적 제안이었다.

"나와 내 가족의 평생 터전인 당동 구도시 공단지역과 대야미동 주민들이 함께 겪고 있는 차별적인 도시환경에 대한 실망이 저의 마음을 움직였어요. 똑같은 세금을 내는 시민들인데도 산본 신도시에 비해 너무나 열악한 환경에서 살아야 한다는 소외감 때문이지요."

초선의원으로 이렇게 많은 지지와 표를 획득한 사례가 근래에 없었다. 그것은 여성이기 때문이거나 남편과 사별하고 오랫동안 홀로서기 해온 여성에 대한 동정심에서도 아니다. 그녀는 평생을 군포에서만 살아왔던 남편에 대한 이웃 간의 깊은 관심과 사랑이 첫 번째 이유라고 설명한다. 무엇보다 1992년 남편과 사별한 후 먹고 살기위해 1996년부터 작은 공장을 인수해 운영하면서 지금까지 겪어 온 힘든 삶의 스토리를 주민들이 알고 있기 때문이다.

단 3명의 직원과 한 개의 거래처만을 남긴 채 부도만을 기다리던 공장을 아무런 정보도 없이 인수했던 무모한 결정이었다. 곧 이어 IMF와 함께 닥쳐온 전 국가적 경제적 침체는 정말로 피나는 시련과 견디기 힘든 고비를 가져다주었다. 복잡하고 정밀한 기계는 물론 간단한 공구조차도 만져보지 못한 전업주부였던 그녀는 오로지 살아야한다는 집념 하나만으로 연 이어 다가 온 모든 위기들을 극복해왔다. 그럼에도 불구하고 남은 몇몇 직원조차 경험 없는 여자사장 때문에 곧 문 닫을 것이라는 실망감으로 공장을 떠나버렸다.

손이 모자라 직접 작업에 뛰어들었지만 체면 때문에 남아 있는 직공들에게 일일이 물어볼 수 없어 서투른 솜씨로 기계를 만지다 번번이 상처를 입어야 했다. 무더운 여름에 뜨거운 스레트 공장건물 안에서 진땀을 흘려야 했고 추운 겨울에는 난방도 없는 공장에서 얼어 터진 손으로 날카로운 쇳조각들과 씨름을 해야만 했다. 그러나 이러한 피나는 노력과 여성 특유의 섬세한 경영 마인드로

인해 얼마 지나지 않아 회사는 점차 안정되었다.

"지난 10여 년간 제가 사업장에서 모든 고용인들과 거래처, 군포시 담당 관계자들과의 관계도 항상 서로 상생하고 공존하자는 생각으로 일을 해왔지요. 큰소리치거나 책임전가하기보다 의심나는 것은 서로 질문하고 함께 연구·조사하는 협력자의 관계로 일해 왔습니다. 이러한 사고 때문에 지난 2년 초선의원으로서 큰 어려움도 없었어요. 공직자를 감시한다거나 예산권을 쥐고 흔들기보다 서로간의 협조를 통해 좋은 결과를 유도해내는 인내심을 보였기 때문이라 생각합니다."

양재숙 의원은 앞으로 군포시의 구시가지가 놀라울 정도로 변하게 될 것이라며 크게 자신감을 나타낸다. 먼저 금정역과 군포역 주변이 재개발됨으로 새로운 고급쇼핑몰, 많은 근린공원들이 생겨나 주거 환경이 크게 개선될 것이며 베네스트골프장과 한세대학교 사이에 250억 원 규모의 당정역(가칭)이 이미 착공에 들어갔다. 또한 신기마을에 대단위 아파트 단지가 들어서고 2만 5천 평 규모의 대규모 체육공원이 생겨난다.

"저는 다음 선거를 의식하지 않고 비록 단 한 번의 임기만이라도 확실하게 최선을 다할 것입니다. 언젠가 의회를 떠나 제 직분으로 돌아왔을 때 성실하고 능력 있는 일꾼이었다는 주위사람의 칭찬을 듣기 위해 노력할 뿐 입니다."

주민들의 경조사를 찾아다니며 얼굴마담(?) 노릇이나 하면서 재선을 준비하는 시의원은 되지 않겠다, 단지 맡은 바 직무에 충실하며 주민들의 삶의 질을 개선하는데 최선을 다할 것이라는 인사말을 필자에게 남기며 양재숙 의원은 다음 일정을 위해 바삐 자리를 떴다.

자녀들의 작은 키와
불면증 해결해 드립니다

한의사 옥도훈

음식으로는 칼슘과 무기질이 많아 몸의 모든 부분을 크게 하는 우유를 많이 마시는 것이 무엇보다 좋다. 김치나 요구르트와 같은 발효식품이나 커피나 음료수와 같은 기호식품은 성장에 도움을 주지 않는 성인식품이기 때문에 성장기에 있는 아이들에게는 좋지 않다.

"키는 65%가 유전적 요인에 의해 결정되고 나머지 35%가 후천적 요인에 의해 결정됩니다. 따라서 어린자녀들은 누구나 노력하면 적게는 5cm에서 많게는 10cm까지 키가 더 클 수 있지요. 지난 13년간 저에게 수많은 아이들이 찾아왔지만 아쉽게도 그 중 절반이 사춘기를 지나 청년기로 접어든 후여서 안타까운 마음 금할 길이 없었어요. 조금 일찍 왔으면 더 많이 자랄 수 있을 터인데 하는 아쉬움입니다."

현대는 여성들 뿐만 아니라 남성들까지도 외모에 대한 이미지를 최고로 여기는 시대이기 때문에 부모들도 자녀의 키에 대한 관심이 무엇보다 크다.

산본 신도시 8단지 한양상가 안에 자리한 'OK나라한의원' 특진 한의사 옥도훈 박사의 주된 분야는 산업보건전공이었지만 지난 10여 년간 자녀들의 키 크기와 수면부족에 대한 집중적인 연구결과를 발표함으로써 삶의 질을 높이는데

크게 기여했다. 『한방 수면법』『깊은 잠이 보약 보다 낫다』『도둑맞은 내 키를 찾아라』『아자 아자, 키 크자』라는 저서들은 일반인 누구라도 쉽게 읽어 내려갈 수 있도록 재미있게 쓰인 의학 상식서이다.

아이들의 '키 크기'는 엄마 뱃속부터 시작되어야 한다고 옥 박사는 말한다. 태아기에 놀람과 충격에 노출되었던 아이는 심장이 약하고 키가 자리지 않을 확률이 높기 때문이다. 그래서 어머니의 뱃속에서부터 태아가 정신적으로 풍요하고 행복하도록 노력해야 한다.

"어려서부터 지속적으로 좋은 음식, 적절한 운동, 충분한 수면을 통해 체계적으로 관리해야 만족할 만한 성과를 얻을 수 있지요. 키 크기는 벼락치기로 좋은 성적을 내는 암기과목이 절대 아닙니다."

음식으로는 칼슘과 무기질이 많아 몸의 모든 부분을 크게 하는 우유를 많이 마시는 것이 무엇보다 좋다. 김치나 요구르트와 같은 발효식품이나 커피나 음료수와 같은 기호식품은 성장에 도움을 주지 않는 성인식품이기 때문에 성장기에 있는 아이들에게는 좋지 않다. 무엇보다 우리 몸의 심장은 마치 자동차의 엔진 같은 존재로서 이를 강하게 하기 위해서는 항상 운동을 해야 한다. 특히 줄넘기·농구·덤블링·점프·닭싸움 같이 많이 뛰면서 몸을 솟구치는 운동이 효과적이다. 사춘기에 접어들면서 성(性)적 호르몬 분비가 많아지게 되면 그만큼 성장호르몬이 줄어들고 사춘기 후 1~2년이면 성장판이 닫히므로 가능한 사춘기가 늦게 찾아오는 것이 좋다.

"우리 인생의 3분의 1을 잠을 자는데 소비하고 있지요. 음식은 먹지 않고 물만 마셔도 한 달은 버티지만 잠을 못 자면 10일 내지 15일 밖에 버티지 못합니다. 이처럼 잠은 생명활동유지와 장수(長壽)로 가는 지름길이라 할 수 있습니다. 그래서 흔히들 '잠은 보약보다 낫다.'라는 말을 하지요"

현대인은 육체적 노동보다 정신적 노동에 혹사 당하는 경우가 훨씬 많다. 정

신적인 불안이나 공포, 술이나 커피, 습관성 약물복용, 급격한 환경의 변화, 불경기나 직장 가정에서 생겨나는 문제들로 인해 불면증에 시달리는 사람이 많다. 또한 쉽게 잠이 들지 못하고 잠이 들더라도 자주 깨거나 다시 잠들기 어려운 경우가 많이 생긴다.

"잠을 잘 자는 요령이 있습니다. 침실 주변의 모든 환경이 매우 중요하기 때문에 침실을 안락하고 편안하게 느껴지는 분위기로 바꾸기 위한 섬세한 고려와 선택이 필요하지요. 잠자기 전에는 가능한 음식이나 기호식품을 삼가는 것이 좋습니다. 그러나 수면에 도움이 되는 우유·상추를 먹거나 대추·연근 등을 물로 달인 뒤 벌꿀을 섞어 마시면 좋은 효과가 있을 것입니다."

칼슘은 사람의 정신 상태를 안정시키는 효과가 크며 포도당과 단백질 성분이 많은 시금치·김·굴·멸치·콩 등의 식품은 수면을 증가 시킨다. 이외에도 불면증을 치료하는 데에는 발 자극법·목욕법·운동법·심리요법·한방처방 등 다양한 방법이 있다.

"아토피 비염은 산본 신도시와 같은 아파트 밀집지역에 많은데 이것은 겨울철 고온난방을 하는 가정과 높은 층일수록 많다는 것을 유념하셔야 해요. 건조하기 때문에 많이 발생합니다. 자녀들이 바깥에서 하는 놀이와 운동의 부족으로 건강에 이상이 생겼다는 사실을 말하는 것입니다."

경희대학교 한의학과 77학번인 옥 박사는 석사와 박사과정까지 마친 학구파 의사이다. 뿐만 아니라 그가 우리나라 한의학계에 미친 영향은 정말로 크다. 그가 가진 한의학에 관련된 직함은 헤아릴 수 없을 정도로 많으며 그가 집필한 저서들도 대학교재로 뿐만 아니라 건강 상식서로 지금까지 15만 부 이상이 팔려나갔다.

15년전 수원에서 3단지 소월 아파트로 이사와 군포시와 인연을 맺게 된 그는 이제 이곳이 제2의 고향이 되었다. 환자들의 70%가 군포시민들이지만 나머지는 그를 찾아 전국에서 찾아오는 환자들이기에 군포시 홍보대사 역할까지 톡톡히 다하고 있다고 말할 수 있겠다.

군포지역 상공인들의
믿음직한 맏형님

군포상공회의소 회장 **유 병 직**

'군포시지역혁신협의회'를 중심으로 군포시를 녹색성장도시로 만들기 위해 공업지역, 교육특구, 수리산 자연녹지지역, 전통문화지역, 모두 4개 지역으로 나누어 새롭게 조화시키는 안을 군포시 신(新)성장 동력으로 설정하고 저탄소녹색성장을 위한 군포시 Green plan행동계획을 수립했다.

군포시에는 약 1,100개를 헤아리는 공장과 기업체들이 구시가지인 당동과 당정동 군포공단 주변에 몰려있다. 이러한 상공인들이 있기에 군포시라는 지방자치단체가 운영되어질 수 있다. 이들이 종업원을 고용하고 세금을 내고 투자하여 환원되는 돈이 군포시 예산 지출의 큰 몫을 차지하고 있기 때문이다.

지난 10여 년간 군포상공회의소는 군포시내에 영업소나 공장 또는 사업장을 두고 있는 개인사업자나 법인사업체들 중에서 연간 10억 원 이상의 매출을 가진 중견기업체들로 조직되어 있다. 이들 군포상공인들은 기업 환경을 조성하는 데 앞장서 일해 왔으나 과거 중앙정부의 수도권 규제정책·환경문제·노사갈등문제 등 정치적 주위 여건에 의해 심각한 운영의 어려움을 겪어 왔다.

"우리 군포상공인들뿐만 아니라 대한민국 모든 상공인들의 소망은 기업하기 좋은 나라, 기업하는 사람들이 우대받는 사회로 전환되는 것입니다. 투자력을

가진 사람, 종업원을 많이 고용하는 사람, 세금을 많이 내는 사람, 지역 경제를 살리는 사람들, 이 모든 사람들이 존경 받을 수 있는 사회가 될 때만이 투자와 소비가 살아나고 국가 경제와 함께 지역경제가 살아 날 수 있기 때문이지요."

1995년 안양상공회의소로부터 독립, 1998년 이후부터 지금까지 10년째 군포상공회의소 회장직을 역임하고 있는 그는 지역 경제가 살아나야 국가 경제도 살아나고 지역 상공인들의 투자가 이루어질 때 지방자치단체의 자립도가 높아진다는 사실을 새삼 강조한다.

"김대중·노무현 정권은 지금까지 서민·노동자·농민들을 위한 복지정책으로 일관해 왔지요. 분배에만 치중하면서 기업인들은 과도한 세금과 규제로 기업 환경이 악화되자 국내에서의 투자를 꺼려했습니다. 과거 8년간 군포시도 노동단체출신의 단체장에 의해 서울 근교의 다른 도시들에 비해 경제적 성장이 제자리걸음만을 되풀이 했지요. 지금까지의 각종 규제를 풀어주고 파격적인 혜택을 제시함으로써 대기업의 유치를 촉진하고 대규모 공장의 지방 이전을 더 이상 허용하지 말아야 합니다."

얼마 전, 엘지전선, 유한양행, 서진산업, 보령제약이 군포시를 떠남으로써 군포시는 약 30억 원 이상의 세수가 줄어들었으며 일자리를 잃게 된 군포시민은 5천 명이 넘었다. 5년 전만해도 군포지역에는 약 100만 평 규모의 공단으로 약 2만 7천 명의 고용인들이 있었으나 지금은 약 1만 8천 명 규모로 줄어들었다. 뿐만 아니라 군포시 관내 4개 대기업과 110개 이상의 중소 공장들도 현재 지방으로의 이전을 심각하게 고려하고 있다. 따라서 군포시의 고용현황이나 세수확보에 치명적인 영향을 끼치게 되었다.

"지금 군포공단 내의 공동 현상은 정말 심각합니다. 대기업들이 이전한 대규모 부지가 곳곳에 아무 쓸모없이 흉물스럽게 남아있지요. 군포시는 이 부지들을 용도제한으로 묶어 둘 것이 아니라 하루 빨리 지식산업단지, 첨단산업단지, 또는 종합대학이나 대규모 연구소 등으로 개발해 군포시 지역경제에 이바지하게 해야 합니다."

군포공단은 4~50년 전부터 자연발생적으로 논과 밭 위에 무계획적으로 세워진 탓으로 공단으로 불리기조차 부끄러운 형편이다. 지난 4월 총선에서 통합민주당의 후보였던 김부겸 의원도 군포공단을 국가적인 사업으로 한 단계 업그레이드시켜 군포시의 경제적 위상을 높일 것이라는 공약을 내세웠다. 자신도 과거 노동자 중심의 정책을 펼친 중앙정부와 군포시 행정당국의 눈치를 보느라 군포상공회의소가 각 회원사들의 고충을 제대로 풀어 주지 못했다고 토로하며 공약 실천을 다짐하고 있다.

이후 2007년 그가 설립해 만든 '군포시 지역혁신협의회'를 중심으로 군포시를 녹색성장도시로 만들기 위한 운동을 벌이기 시작했다. 군포시를 공업지역, 교육특구, 수리산 자연녹지지역, 전통문화지역, 모두 4개 지역으로 나누어 새롭게 조화시키는 안을 군포시 신(新)성장 동력으로 설정하고 특히' 저 탄소 녹색성장을 위한 군포시 Green plan행동계획을 수립했다. 지난 해 이 사업이 행정자

치부 공모사업에 선정되면서 올해 6,500만 원의 지원금을 받게 됨에 따라 활발한 환경정책연구와 포럼개최를 통한 발표회 등을 개최하고 있다.

유병직 회장은 군포초등학교 36회 졸업생으로 4대째 군포에서 뿌리를 내려온 토박이 가문이다. 그가 4살 되던 해 서울역 역무원이었던 부친의 손에 이끌려 외할머니의 고향인 이곳 군포로 내려왔다고 한다. 군포지역의 대표적 기업이었던 대한전선에서 10년 넘게 근무했으며 이후 30년 가까이 군포에서만 기업을 운영해 온 그이기에 군포 사랑과 기업에 대한 애착심은 누구도 따라 올 수 없다. 군포시 상공인들을 대변해 온 그는 우리 군포시가 전국에서 가장 부유하고 기업하기 좋은 도시로 성장하도록 70 청춘의 힘을 과시하며 밤낮을 잊고 열심히 뛰고 있다.

카메라 앵글로
세상 바라보기 30년

군포사진연구회 고문 **유 원 식**

사진을 찍는 순간마다 피사체와 자신의 몸과 마음이 일치하는 몰입현상에 빠져들어 하루 종일 산과 들을 헤매면서도 피곤함을 모르게 된다. 때문에 사진은 정신적으로나 육체적으로 매우 유익한 취미이자 기술이다.

"사진은 빛과 구도의 예술입니다. 똑 같은 자연의 피사체라도 아침과 저녁 빛의 밝고 어둠에 따라 그 색감의 차이가 천차만별로 달라질 수 있지요. 똑같은 사람을 찍을 경우에도 각도와 구도에 따라 전혀 다른 사람으로 표현되어질 수 있습니다. 평범해 보이는 대상물을 카메라 앵글을 통해 새로운 의미와 특별한 아름다움을 표현해 내는 사람을 사진가라고 부르지요. 한 마디로 사진은 작가 개인의 감성과 예술적 감각을 최대한 살린 앵글을 통해 이것을 인화지 위에 표현하는 예술인 것입니다."

군포지역 인구가 불과 3~4만 명에 지나지 않았던 1987년, 군포역 바로 앞에 '군포사진관'을 개점한 후 지금까지 카메라와 함께 살아 온 유원식 고문의 이야기이다. 고향인 부산을 떠나 1976년 군포사거리에 '상아제관'이란 회사를 설립 운영했으나 10년 후 사업을 접게 되었다. 그래서 궁리 끝에 젊은 시절 틈틈이 찍어 온 흑백 수동카메라 기술을 취미가 아닌 생업으로 삼기로 한 것이다.

"대도시에서는 어디서나 흔히 볼 수 있었던 30분 속성사진도 군포에서는 볼 수 없었던 때이지요. 사진관에 틀어 박혀 현상·인화나 해 주고 고작 아기 돌 사진이나 회갑 등 가족사진을 찍어주는 수준이라 답답하기만 했어요. 그래서 군포지역에서는 처음으로 89년 5월 '군포사진연구회'를 만들어 8명의 회원들이 두 달에 한 번씩 출사를 나가는 정기모임을 시작한 것입니다. 이때부터 저는 생업을 넘어선 사진작가로서의 꿈을 펼치게 되었지요."

"사진을 찍기 위해서는 가만히 앉아서 되는 것이 아니지요. 집안에서나 거리, 산과 들에서도 자신의 시각과 감성이 일치하는 피사체를 찾아 부지런히 움직여야 해요. 사진에 담고자 하는 피사체는 한 순간도 같은 상황을 연출하지 않습니다. 아침과 정오·저녁, 흐린 날·맑은 날, 봄·여름·가을·겨울 사계절이 다 다른 것처럼 환경의 변화에 따라 빛의 명암과 피사체의 형태가 모두 달라지기 때문이지요. 가장 완벽한 타이밍이라고 생각되는 순간을 놓치게 되면 두 번 다시 기회를 잡기 힘들게 됩니다. 이 순간밖에 없다는 절대 절명, 바로 그 순간 셔

터를 누를 때의 느낌은 사진을 찍어 보지 못한 분들은 이해하지 못하지요."

사진을 찍는 순간마다 피사체와 자신의 몸과 마음이 일치하는 몰입현상에 빠져들어 하루 종일 산과 들을 헤매면서도 피곤함을 모르게 된다. 때문에 사진은 정신적으로나 육체적으로 매우 유익한 취미이자 기술이다.

"디지털 카메라와 핸드폰의 보급으로 너도 나도 카메라를 찍는 붐이 일고 있습니다. 특별한 사진교육 없이도 훌륭한 사진을 얻어 낼 수 있는 기회가 많아 진 것이지요. 최근에는 컴퓨터 그래픽 프로그램인 '포토샵' 의 발전으로 사진의 영역이 일반 미술의 영역을 넘어선 느낌을 갖게 해요. 그래서인지 요즈음 서울의 대형 갤러리들도 미술작품이 아닌 사진전을 여는데 조금도 주저하지 않는 것 같습니다."

그러나 사진예술이 존재하는 한 수동카메라는 계속 존재할 것이라고 그는 말한다. 사진기의 기본 기능을 이해하지 못하고 찍은 사진에서는 자신만의 개성과 감성을 발견해 낼 수 없기 때문이다.

"디지털 카메라를 사용할 때는 내가 카메라를 다루는 것이 아니라 카메라가 나를 다루는 듯한 느낌을 갖게 되요. 별로 기분이 안 좋지요. 그렇다고 저 자신도 디지털 카메라의 편리함을 이용하지 않는다는 것은 아닙니다."

그는 평생 한 직장이나 사업체에서 일해 온 사람들의 성실성과 집념을 가장 높이 평가한다. 그들은 자신이 쌓아 온 삶의 깊이와 노하우를 가지고 인간과 사물의 이면을 꿰뚫어보는 능력을 터득하고 있기 때문이다.

"사진을 배우려면 모든 사물을 단순하게 스쳐지나가듯 보지 말고, 사물의 이면에서 표현되어지는 주제가 무엇인지 관찰하는 눈이 있어야 해요. 늘 대하던 사물이 어느 날 갑자기 낯설어지기 시작할 때 이것을 카메라 앵글을 통해 새롭게 표현하고 싶은 욕구가 생겨 날 것입니다. 이러한 관점으로 모든 사물을 바라보게 되면 좋은 소재를 잡아낼 수 있는 안목이 생겨나고 따라서 뛰어난 사진작가가 될 수 있는 것이지요."

그의 사진에 대한 사랑은 두 자녀의 삶에까지 영향을 미쳤다. 장녀인 유정숙 씨는 '안양 베네스트 골프클럽' 전속사진사로 일하고 있으며 아들 유병관씨는 아버지의 뒤를 이어 군포사진관을 운영하면서 사진작가로 활동하고 있다.

찍은 사진을 보면 그 사람의 성격과 그 사람의 현실을 알 수 있다. 자신이 즐겁고 행복하면 사진의 분위기가 밝고 긍정적이며 슬프고 힘든 상태라면 사진도 어둡고 부정적인 표현이 된다는 것이다. 인간의 마음을 담아내고 모든 사물에게 의미를 부여해주는 사진예술이 원로 사진작가 유원식 고문을 더욱 윤택하고 풍요로운 삶으로 인도해 주고 있는 것이다.

제생의제(濟生醫世)를 삶의 좌표로……

원광대학 한방병원 병원장 이건목

양방병원의 수술로도 치료가 되지 않자 병을 낫게 하기 위해 자기 자신의 몸을 실험대상으로 침구연구를 시작했다. 마침내 침구로 지병인 디스크를 완치하는 성과를 올리게 된다.

'濟生醫世(제생의세)' 생명을 의학으로서 구제하겠다는 이 사자성어는 의료인으로서 군포 원광대학 한방병원의 총 책임을 맡고 있는 이건목 병원장 삶의 좌표이다.

"제가 어릴 때 알러지 피부염으로 온 몸에 피가 나고 얼굴이 창백해지고 시력이 나빠지는 등 어려움이 많았습니다. 20년 전에는 심야의 빗길에서 대형 트럭이 제 차 뒷부분을 받는 바람에 차는 폐차가 되고 저는 심각한 허리 디스크로 장기입원하면서 정말 죽을 고생을 했지요."

연부조직의 질환은 치료기간이 길고 수술요법에 의한 후유증이 남을 수 있어 양방병원의 수술로도 치료가 어렵다. 이건목 원장은 디스크를 침구로 다스리는 연구를 시작한 이후, 양·한방은 물론 디스크에 대한 모든 정보를 수집하고 있었다 그 가운데 중국의 중의약대학 주한장 교수에 의해 새로이 개발된 '침도요법' 이 많은 효과를 내고 있다는 정보를 갖게 되었다. 이 침도요법을 도입해 자

신의 몸을 실험대상으로 삼고 집중적인 체험연구와 치료의 반복으로 그는 마침내 지병인 디스크를 완치하는데 성공한다.

"저 자신 중증환자로서 너무나 길고 힘든 경험을 했기에 알러지 피부염과 허리 디스크로 인한 심한 육체적 고통과 불안한 심리적 상황까지 잘 알게 되었습니다. 그 체험이 환자들을 상담하거나 치료하는데 큰 도움이 되었지요. 침도요법은 10분 정도의 짧은 시간에 1~2번의 시술로 호전되기 때문에 만성질환에 아주 효과적인 치료법입니다."

그의 집안은 1920년대 부터 조부에 이어 3대 째 한방(韓方)과 인연을 맺어 왔다. 이러한 배경과, 부친이 운영한 한약재 도매상인 '보화당' 에서 눈으로 보고 손으로 만져 보며 배운 약재에 대한 경험이 그를 이 자리에 있게 했던 것이다.

원광대학은 '물질이 개벽되니, 정신을 개벽하자' 는 원불교 정신을 바탕으로 1951년 설립 된 국내 굴지의 대학 중 하나이다. 현재 전국적으로 퍼져있는 24개 단과대학으로 이루어진 종합대학으로 국내에서 가장 큰 규모의 한방대학병원을 가지고 있다. 전라북도 익산에 있는 본 병원을 중심으로 광주 · 전주 · 군산 · 대전에 이어 1997년에 서울 수도권인 군포시 산본 중심상가에 군포병원 한방병원을 개원하게 되었다. 1998년 원광대병원은 양방과 한방이 한 병원건물 안에서 서로 협력해 환자를 돌보게 하는 협진체재를 성공적으로 이끌어 냈으며 현재도 한국 의료계에서의 선구자적 역할을 훌륭히 수행해내고 있다.

이건목 원장은 서울에서 태어나 초등학교 6학년을 다니던 중 익산으로 내려가 부친이 재단이사장인 원광대학과 함께 지금까지 성장해 왔다. 그러나 군포 한방병원의 개원에 맞추어 26년 동안 살았던 익산을 떠나 군포시로 이주해 산본신도시 9단지에 정착한지 벌써 12년째를 맞이하고 있다.

"군포는 제가 살아 온 익산시처럼 공기 좋고 산세가 좋아 복잡한 서울보다 살기 좋은 곳이라 생각했지요. 이곳 원주민들과의 친분을 통해 지역사회 활동도

하고 있습니다. 수리고 교장이셨던 허봉규 교육감님의 소개로 김연아를 위한 후원회를 설립하고 의료지원단을 구성해 연아의 훈련과 시합 중에 입은 부상을 전적으로 치료해 주었던 일이 가장 의미가 있었던 것 같습니다.”

뿐만 아니다. 그는 지난 20여 년간 원광대 한의학과 교수로서 대한침구학회 회장, 세계침도학회 부회장, 식약청 한약부작용위원, 수원지검 의료자문위원으로 활동하고 있으며 군포시 선거관리위원, 건강보험심사 평가위원, 군포문화원 이사. 군포신문후원회 회장 등 다양한 분야에서 군포지역사회를 위해 봉사하고 있다. 아울러 과거 그의 부친과 박정희 대통령과의 친분이 인연이 되어 박근혜 전 한나라당 대표의 건강을 자문했으며 김원기 국회의장, 임채진 검찰총장 등을 진료하기도 했다.

지(知)와 덕(德)을 겸비하고 올바른 도(道)를 실천하라는 원광대학의 교훈처럼 한방원장으로서 모든 군포시민들의 건강과 지역발전을 위해 더욱 많은 봉사와 헌신을 할 것이라 믿어 의심치 않는다.

복두꺼비의
군포 경제 살리기

군포시의회 의장 이경환

군포시에서 태어나고 자라 온 원주민의 한 사람으로서 안타까운 사실은 군포시가 뛰어난 주거 환경을 가지고 있으면서도 부동산이나 아파트 값이 타 지역에 비해 저평가되고 있다는 사실입니다.

지난 7월 군포시의회 후반기 의장단이 새롭게 구성되었다. 개원 이래 처음으로 만장일치로 그것도 역대 회장 중 가장 젊은 나이로 당선된 이경환 의장을 만나 후반기 의회 운영방향과 포부에 대해 이야기를 들어 보기로 했다.

"의회가 변화와 실천을 통해 28만 군포시민들의 삶의 질을 향상시키고 신뢰받는 의회가 되기 위해서 헌신과 열정을 다 할 것입니다. 군포시 집행부와는 반목하고 대결하기 보다는 대안 있는 견제를 통해 협력과 조화를 이루게 된다면 시민들에 대한 서비스로 이어지게 될 것입니다."

이경환 의원은 2006년 실시한 5대 군포시 지방자치단체 시의원 선거에서 가장 많은 득표수로 당선되었다. 그가 득표한 1만 5천여 표는 2위와 약 2.5배인 전국최대로 손 꼽힌 큰 표차였다. 8명의 후보자가 난립한 지역이었기에 표가 분산될 수밖에 없었음에도 불구하고 지역구 시민들이 그에게 몰표(?)를 던져준 것에는 반드시 특별한 이유가 있을 것이다.

"저 자신을 분석해 본다면 매사 긍정적이며 합리적인 사고로 모든 일을 해결하려고 노력하는 사람이라고 스스로 자부합니다. 우리 사회는 이제 한 개인의 힘만으로는 아무 것도 이루어 낼 수 없는 다원화된 사회입니다. 군포시 공직자들과 협조하고 서로의 연계성을 존중함으로 지역시민들이 원하고 있는 좋은 결과를 얻을 수 있습니다."

그는 문제를 들고 찾아 온 민원인들이나 문제를 해결하기 위해 찾아간 공직자들과 항상 대화하며 서로 간의 의견을 조율하며 타협하기를 힘쓴다.

"군포시에서 태어나고 자라 온 원주민의 한 사람으로서 안타까운 사실은 군포시가 뛰어난 주거 환경을 가지고 있으면서도 부동산이나 아파트 값이 타 지역에 비해 저평가되고 있다는 사실입니다. 지금까지 그린벨트 지역에 소형 중심의 임대아파트 단지만 늘어난 반면 중 · 대형 아파트를 중심으로 한 중상층 인구가 전체 인구비례로 너무 소수이기 때문이지요."

지금까지 환경파괴를 주도한 물류센터 건설, 3개의 대형임대아파트 단지, 광명~수원 간 고속도로 건설 등 수많은 국책사업들이 이루어졌으면서도 군포시민들의 경제적 가치를 높일 수 있는 대형사업은 하나도 없었던 것이다.

"지역경제 활성화가 가장 큰 문제입니다. 그리고 첨단 산업과 IT산업을 군포공단에 유치시킴으로 얻어지는 군포시 세수증대와 고용증대에 주목해야겠지요. 수리산을 중심으로 반월호수 · 갈치저수지 주변에 대규모 생태공원을 조성하고, 대야미역 주변에 전국에서 가장 크고 화려한 규모의 전원주택단지와 함께 대형쇼핑몰을 만들어 이웃도시에 살고 있는 상류층 소비자들을 군포시로 유치하는 대형 프로젝트가 필요한 시점입니다."

그는 고려시대 학자로서 『지봉유설』의 저자 이수광선생을 시조로, 9대째 이곳 군포시에 뿌리를 내리며 살고 있는 양성 이씨 가문의 후손이다. 그의 부친은 군포시가 시흥군 남면읍이었던 시절, 이곳에서 이장을 지냈고 가족들과 함께

농사를 짓고 살아 왔다.

이경환 의장은 수원대학교 경영대학원 석사를 마치고 3년간 제지공장에서 구매·영업·총무 등 다양한 실무를 경험했으며 안양청년회의소 회원으로 활동했다. 98년 지방자치 3기를 맞이하면서 군포시 의원으로 처음 진출하게 된 그는 이제 3선의원이 되었으며 지난 7월 시의회 의장으로 선출되면서 군포시 의회를 이끄는 중책을 맡게 되었다.

"1998년 처음 선거운동에 나선 어느 날 새벽, 수리산 약수터에서 만난 어느 할머니께서 지어주신 별명이 바로 '복두꺼비' 이지요. 통통하면서도 격의 없이 웃는 제 모습을 보시고 아마도 복두꺼비를 연상하셨나 봅니다. 별명과 같이 앞으로도 우리 군포시민들에게 무한한 복을 나누어 드리고, 아울러 저 자신도 복을 받는 시의원이 될 것입니다. "

지난 번 선거에 최고 득표로 당선 될 수 있었던 것은 긍정적인 사고방식과 모든 사람들에게 복을 나누어 줄 것처럼 보이는 타고난 성격과 외모에서 온 편안함이 아니었나 생각된다. 모쪼록 군포시의 '복두꺼비' 로 지역사회발전과 풍요를 이끌어내는 견인차가 되어줄 것을 우리 모두가 기대해 본다.

수리산은 대 자연의 푸른 젖줄

수리산자연학교 대표 **이금순**

21세기의 주제는 환경이다. 또한 지방자치시대, 도시 간 경쟁의 첫번째 요건도 바로 자연환경으로 지목되고 있다. 수리산이 없으면 군포시의 정체성도 없다고 해도 과언이 아니다.

"수리산을 관통하게 되는 고속도로는 마치 우리 모두의 얼굴 한 가운데를 칼로 그어 놓는 것과 같은 끔찍한 큰 흉터를 남기게 됩니다. 수리산은 군포시민들의 얼굴이며 맑은 공기와 푸른 경관을 제공하는 자연의 젖줄이며 군포시만의 정체성을 살릴 수 있는 유일한 수단이기도 하지요."

얼마 전 수원~광명 간 고속도로가 수리산을 두 곳이나 관통하는 대규모 터널을 건설한다는 건교부의 발표에 시민들은 한 목소리로 참을 수 없는 분노감을 표출했다. 수도권 외곽순환고속도로 건설로 인해 이미 물줄기가 막히게 된 수리산에 또 한 번의 큰 재앙을 내리려 하고 있기 때문이다.

"90년대 초 군포시민들은 쓰레기소각장건설 반대 데모로 전국의 매스컴이 떠들썩하도록 격한 투쟁을 했어요. 이후에도 물류센터나 임대아파트 건설반대를 범시민적으로 벌여 왔지만 모두 실패하고 말았습니다. 정부관계자나 외부인들과 언론까지도 군포시민들의 이기주의적 님비현상으로 단순 취급해버렸기 때

문이지요."

그녀는 90년 초 쓰레기 소각장건설을 반대하는 극한투쟁을 맨 앞장서서 벌이느라 구치소에 수감 당하기도 했었다.

"환경에 대한 이론적 바탕 없이는 행정기관을 상대로 이길 수 없어요. 그들은 언제나 일방적으로 작성된 환경영향평가를 내세워 결정대로 밀고 나갑니다. 이론적 반론을 정확하게 제기할 수 없다면 아무리 애써도 지역주민들이 결국 패배할 수밖에 없지요."

그러나 1997년 이금순 대표가 수리산자연학교를 설립한 이후부터는 행정기관의 일방적 집행은 용납되지 않게 되었다. 대형 개발 공사를 시작하기 전에는 생태보고서를 만들게 되었고 이에 수리산자연학교가 반드시 참여하도록 되어 있기 때문이다.

"정책적으로 선정된 외부 환경전문가들보다 매일같이 수리산에 오르내리는 군포시 주민들과 자연학교 학생들의 관찰로 모은 자료들이 훨씬 도움이 되기 때문이지요. 이렇게 만든 『수리산 자연생태계조사』『수리산 물줄기 생물들』『수리산 생태조사결과보고서』『우리에게 남은 작은 희망 』등 여러 권의 보고서들이 군포시청은 물론 건설부나 환경부의 중요한 자료로 쓰이고 있다는 사실이 이를 증명하고 있습니다."

임대아파트가 들어서기로 한 삼성리 신기마을에 멸종위기종인 맹꽁이들이 서식하고 있다. 이금순 대표는 포크레인으로 기존 건축물을 허는 과정에서 물웅덩이들이 메워지면서 맹꽁이들의 죽어가고 있는 현장을 직접 목격하게 되었다. 그녀는 바로 공사를 주관하고 있는 주택공사로 달려갔다. 이러한 위급사항을 직접 알린 후 행정기관과 함께 맹꽁이들의 서식지를 안전하게 옮겨야 하는 복잡하고도 어려운 사업을 진행하게 되었다.

"많은 사람들이 자연을 즐기며 정신적 육체적 휴식과 건강을 얻는데 만족하고 있지요. 그러나 자연은 단순한 스포츠나 취미의 대상이 아닌 생명을 보존해야 하는 살아있는 생명체임을 잊지 말아야 합니다. 수리산을 보존하기 위해서는 필연적으로 많은 책임과 희생이 따르게 됩니다. 그리고 많은 예산과 전문적인 관리자, 그리고 무엇보다 지역 봉사자들의 땀과 수고가 필요한 것이지요.”

수리산 자연학교는 군포지역 초중고 학교 학생들과 선생님들을 대상으로 많은 프로그램을 진행하고 있다. 작년 5월 말 수리고등학교와 함께 양지공원에서 벌인 반딧불 축제에는 수천 명의 주민들이 모여드는 큰 성과를 얻었다고 한다. 이를 통해 이금순 대표는 군포시의 축제도 수리산의 자연과 문화를 주제로 한 대축제로의 새로운 혁신이 필요하다고 주장한다.

“지난 달 전라남도 함평의 나비축제에는 전국에서 100만 명 이상의 관광객이 몰려 왔어요. 함평시를 전국적으로 알리는 중요한 계기가 되었으며 엄청난 경제적 이득을 주민들에게 골고루 선물로 안겨 주었지요. 우리 군포시도 아름답고 수려한 수리산 자연 속의 생명체들과 군포시 전통문화를 접목시킨 축제로 연계·발전시켜야 합니다. 매년 수리산에서 열리고 있는 우묵제, 당습제, 산신제 그리고 둔대 농악대의 규모를 크게 키운다면 명실공히 국내 최고의 축제로 도약할 수 있을 것입니다. 그리고 군포시 관내에 있는 10여개의 공원들도 수리산과 연계해 각각 테마를 가진 개성 있는 공원으로 변모시켜야 합니다.”

21세기의 주제는 환경이다. 또한 지방자치시대, 도시 간 경쟁의 첫째 요건도 바로 자연환경으로 지목되고 있다. 수리산이 없으면 군포시의 정체성도 없다고 해도 과언이 아니다. 지난 15년간 오로지 자연 지킴이로서 헌신해 온 이금순 대표는 수리산이란 천혜의 선물을 통해 군포시민들의 삶의 질을 향상 시키는데 오늘도 새로운 힘을 모으고 있다.

교회의 사회 참여는 현대 기독교인의 의무

산울교회 담임목사 이문식

지역화가 성공해야 세계화도 성공할 수 있으며 지역의 활성화가 이루어질 때 대한민국 전체가 발전하여 기아로 죽어가는 북한 주민들과 동남아시아 빈민들도 구제할 수 있다는 것이 그가 추구해 온 신앙의 본질이다.

사진 | 뉴스앤조이 신철민

"군포시는 앞으로 국내에서 가장 이상적으로 발전할 가능성이 높은 도시입니다. 컴퓨터 산업과 IT산업 등 첨단산업의 중심지가 된 미국의 도시들은 모두 군포시와 같이 전국적인 교통망과 아름다운 자연으로 둘러싸인 신도시를 중심으로 발전했지요. 캘리포니아주(州)의 산호세, 오래곤주의 포트랜드, 아리조나주의 피닉스와 같이 부동산 값이 비교적 싸고 물과 공기가 오염되지 않은 깨끗한 도시를 원하고 있기 때문입니다."

이문식 목사는 안식년이었던 2004년 한 해 동안 자녀가 유학 중인 미국 워싱턴주 시애틀을 중심으로 부흥회와 초청강연 세미나 등으로 미국 전역을 순방하는 기회를 가졌다. 그는 목회자로서 교회의 사회참여를 적극 주장해왔을 뿐만 아니라 지금까지 군포시 발전을 위해 직·간접적으로 지역사회 활동을 벌여 왔다. 지역화가 성공해야 세계화도 성공할 수 있으며 지역의 활성화가 이루어질 때 대한민국 전체가 발전하여 기아로 죽어가는 북한 주민들과 동남아시아 빈민

들도 구제할 수 있다는 것이 그가 추구해 온 신앙의 본질이다. 그래서 산울교회 (구 남서울 산본교회)의 성장방향도 항상 지역사회발전 지향적이다.

"군포시 인구의 40~50%가 20평 이내의 아파트에서 살고 있으며 이들은 전세 값이 오르면 보다 싼 변두리 아파트로 떠나버리지요. 반면 인구 20%에 지나지 않는 30평 이상 거주 중산층들은 기회가 되면 학군이 좋은 평촌이나 분당으로 옮겨 갈 것을 염두에 두고 있어요. 서민층이 군포를 떠나지 않도록 유통산업과 서비스산업을 발전시켜 일자리를 늘려야 하고 중산층이 떠나지 않도록 교육에 대한 대폭적인 투자가 필요합니다."

군포시는 아름다운 자연환경과 풍부한 노동력, 편리한 교통, 물류이동의 편리 성이 뛰어난 도시이기 때문에 미래 발전 가능성이 높다. 그러나 물류센터확 장·고속도로건설과 같은 환경파괴나 임대아파트단지 위주의 지나친 도시의 확장은 군포시를 슬럼화하는 요인이 될 것이라는 지적이다.

이문식 목사는 80년대 군부독재정권에 항거해 학생으로 민주화운동의 선봉 에 섰으며 착취당하는 노동자를 위해 구로동에 기거하면서 야학과 탁아소 등을 설치해 직접 운영하기도 했다. 90년대에는 불법체류자인 외국인 노동자들의 권 익과 건강을 위해 기독교 단체를 설립하고 400여 병원의 협조를 얻어 월 천 원 이면 그들도 의료보험 혜택을 받을 수 있도록 했다.

문민정부가 들어선 이후부터는 중국에 있는 조선족교회를 통한 간접적 지원 으로 대홍수로 인해 굶어 죽어가는 북한 주민들을 도왔다. 기독교단체를 통해 모은 밀가루와 옥수수와 의약품을 공급하기위해 중국과 북한을 지난 15년간 매 해 방문했다.

그가 현재 당회장으로 있는 산울교회는 여느 교회와는 달리 매우 진보적인 운영 방식을 택하고 있다. 먼저 예배시간 중에 있기 마련인 헌금시간이 따로 없 다. 헌금의 액수로 믿음의 척도나 교회에 대한 헌신도로 잘못 판단하지 않기 위해서이다. 목사나 장로들의 종신제 폐지를 위해 매 7년 마다 총회에서 재신임투표를 한다. 또한 300평 규모의 교육관을 군포시민들에게 강의실·전시실·도서실·식당 등으로 사용할 수 있도록 전면 개방하고 있다. 무엇보다 중요한 사실은 교회 1년 예산의 30%를 선교비와 빈민구제, 남북한나눔운동을 위해 쓰고 있다는 사실이다.

"서울의 강남이나 분당의 대형교회 앞 주차장에는 국회의원·장관·재벌총수·검사들의 외제 고급 승용차로 넘쳐나고 있지요. 대한민국에는 3만 5천여 개의 교회가 있으며 약 1천만 명의 기독교 교인이 있다고 하면서도 여전히 남과 북, 경상도와 전라도, 진보와 보수가 갈라져 분쟁하며, 부정과 부패·부조리가 판을 치고 있어요."

종교가 부(富)를 축적하고 사회적 정치적 영향력이 커지면 종교적 역기능에 빠지게 된다. 교만하고 부패하고 무기력해져서 사람들로부터 버림받게 된다. 교회가 율법과 축복의 논리만을 앞세워 양적성장에 목표를 두기보다 굶주린 세상을 돌보는데 힘써야 참된 교회성장을 이룰 수 있다고 그는 말한다.

"저희 산울교회 교인이 이미 1,000명을 넘어서 예배실과 교육관 시설이 턱없이 부족한 형편입니다. 그러나 저희는 대형건물을 신축하기보다는 4년 전 대야미동에 구입해 놓은 2,000평의 부지 위에, 우수하지만 가난한 군포지역 학생들과 북한 난민 학생들이 마음 놓고 함께 공부할 수 있는 기독교 정신의 미션스쿨을 짓기 원합니다."

이문식 목사는 사회개혁가이자 시민운동가로서의 사명을 함께 감당하기위해 스스로 선택한 좁고도 험한 길을 가고 있다. 교회와 함께 끊임없이 새롭게 변화하면서 사회의 정의를 바로 세우는 길만이 소외당한 계층에게 빛과 소금의 역할을 다할 수 있다는 크리스챤으로서의 소명의식에서 나온 것이리라.

말단 여직원에서 여성CEO로……

한국UCD 대표 이 숙 희

1997년 출범하여 올해로 12년째를 맞이한 군포여성경영인협회의 지난 4대 회장이었던 이숙희는 여성경영인들이 성공하기 위해서는 남성으로부터 보호 받을 수 있다는 안이한 의식부터 버려야 한다고 강조한다.

여성이 기업을 일구어 성공하기까지는 남성들보다 몇 배의 노력과 인내가 필요했기에 여성 경영인은 그리 흔치않은 존재였다. 그러나 21세기에 들어선 지금에는 제조업에서 벤처기업에 이르기까지 여성CEO(최고경영인)의 활동이 모든 분야에서 활발하다. 21세기는 첨단산업과 지식산업시대로 바뀌면서 여성특유의 섬세함과 영민함, 조직 내 화합능력이 강한 체력과 저돌성만을 내세우는 자수성가형 남성경영인들을 능가하고 있기 때문이다.

1997년 출범하여 올해로 12년째를 맞이한 군포여성경영인협회의 지난 4대 회장이었던 이숙희 회장은 여성경영인들이 성공하기 위해서는 남성으로부터 보호 받을 수 있다는 안이한 의식부터 버려야 한다고 강조한다. 오히려 남성들보다 몇 배 더 강한 의지와 실천력, 경영 노하우와 기술개발에 대한 전문성 없이는 치열한 경쟁에서 살아남을 수 없다는 것이다.

"집안형편이 어려워 10대 후반부터 공장에서 일을 하고 돈을 벌어야 했지요.

그러나 사무실에서 경리·회계·세무관계 업무를 맡게 된 후 실력을 인정받아 150명이 근무하던 회사의 경리과장으로 승진하게 되었어요. 회사가 어려울 때도 내 회사라는 마음으로 직접 화물트럭 운전대를 잡고 거래처 배달에 나섰으며, 살던 집을 은행 담보로 잡아 회사의 어려운 고비를 넘긴 적도 있었지요. 이후 이사로 선임되었고 1995년에는 정식 대표이사로 취임한 후 8년간 경영 최일선에 서서 일하게 되었습니다.”

“당시 회사 오너의 헌신적인 자세와 천부적인 영업능력에도 불구하고 하청회사라는 한계를 넘지 못하고 일방적으로 거래 중지라는 결별통고를 받았지요. 30년 동안 섬겨 왔던 대기업으로부터 버림받은 오너 회장은 부도를 내고 회사는 결국 자회사로 흡수당하고 말았습니다. IMF의 위기를 전직원들의 피와 눈물로 간신히 이겨낸 직후이었기에 저에게는 더욱 큰 충격과 아쉬움이었어요. 식음을 전폐하고 방구석에 며칠 쳐박혀 있을 때 어머니께서 제 어깨를 다독이며 건강이 제일이라고 말해주셨어요. 이 때 절실히 깨달은 것은 회사와 돈은 언제든 사라질 수 있다는 것과 앞으로 제조업은 절대하지 않겠다는 것이었습니다.”

부도를 낸 제조업 중소기업체 경영자들은 한 마디로 모두 형편 없는모습들이었다. 주변 사람들까지 망하게 하고 징역을 살고 이혼당해 가정까지 깨진 경우도 많았다. 그녀는 절대로 주위 일가친척 친구들로부터 돈을 빌리지 않았다. 그리고 근면, 성실, 정직만으로는 사업을 성공시킬 수 없고 하이테크·기술개발·정보력·자금력이 뒤따라 주어야만 중소기업이 성공할 수 있다는 사실을 뼈저리게 깨달았다.

이렇게 1991년부터 12년간이나 ‘중앙산업’에서 배운 전문경영인으로서의 노하우를 바탕으로 2003년 7월 자신의 독립회사인 ‘한국UCD(Ultra Cooling Device)’를 당정동 SK벤티움에 설립하며 재기의 발판을 마련했다.

“지금 저희 회사는 국내는 물론 국제 특허까지 모두 7개의 특허를 소유하고 있으며 현재 3개는 출원 중에 있지요. 특허를 가지고 자금을 모으고 개발한 제품을 상품화하기까지 연구개발·판매·수금에 관련된 모든 일처리를 직원 5명이 하고 있습니다."

'한국UCD'는 지금까지 테크노피아 첨단기술의 한가운데 서서 신제품을 개발한 결과 ISO9001인증서 획득과 함께 경기도 프론티어 기업으로 선정되었으며 수분제거기·화장품냉장고·과일발효주용기·신선도유지 회접시 등 생활과 밀접한 아이디어 상품개발에 성공했다.

'여성평등은 보호받기 위한 것이 아니라, 직장에서 남자들과 똑 같은 수준의 능력과 기술을 가질 수 있어야 한다는 의미이다. 스스로 열심히 일하면 그만큼 버는 것이다. 월급 올려 달라고 죽어라 데모해 봐야 회사 경제가 나빠지면 문 닫을 수밖에 없다. 사람은 일하다 죽어야 한다. 부모 유산을 바라보는 젊은이나 임대사업으로 돈버는 사람은 불행하다. 하나님, 부처님 같은 마음의 안식처를 찾기에는 이른 것 같다. 모든 것이 내 자신의 의지에 달려 있기 때문이다.'

위의 말들은 필자와 인터뷰 하는 동안 이숙희 회장이 들려준 의미심장한 어록들이다.

'휴일과 휴가가 괴로운 여자' '여자들끼리의 모임에서 여자들끼리 만의 대화에 서툰 여자' '남자들과의 열띤 사업적 대화를 더 즐겨하는 여자' 다른 경영인들이 모임에서 이숙희 회장의 면모를 단적으로 표현한 말들이다. 비록 외모는 여성으로서의 앳된 모습이지만 자신을 알고 있는 남자경영인들이 자신을 여자로 보지 않는 사실에 더 자랑스러움을 느낀다고 말하던 이숙희 회장의 모습에서 필자는 여성경영인으로서의 뜨거운 열정과 그녀만이 가질 수 있는 특유의 순수함과 성실함을 느낄 수 있었다.

서예(書藝)는 사람의 마음을 담는 도구

한국서예문화원 이사장 이윤주

글의 아름다움과 완벽함의 기준은 세월의 흐름과 환경, 지역에 따라 달라질 수 있으며 어떠한 예술에도 완벽함이란 있을 수 없다. 추악함 중에서도 아름다움을 찾을 수 있고 아름다움 속에서도 추함을 느낄 수 있다는 예(藝)의 본질을 강조한 것이다.

언어는 심성(心性)이며 글은 심화(心畵)라는 말이 있다. 글씨란 사람의 마음을 나타내는 하나의 도구이다. 글씨를 완벽하게 쓰려는 것보다 스스로 만족할 수 있는 자신만의 글을 만들어내는 극기(克己)의 과정이 서예라고 이윤주 선생은 말한다. 극기의 과정이란 세상 속에서 하고 싶은 일들을 모두 버린 무소유의 경지로 자기 자신과의 싸움에서 승리를 쟁취하는 과정이다.

"현대인들 특히 젊은 세대들은 놀이 문화에 젖어 스포츠나 컴퓨터 같은 자극적이며 동적인 게임을 즐기지요. 종교나 철학, 문학이나 예술과 같이 정적이면서 정신적인 깊이를 요구하는 문화에는 적응하지 못하고 있는 안타까운 실정입니다."

붓의 움직임에 따라 장단(長短)과 강약(强弱)의 획(劃)을 그려내는 절묘한 예술인 서예는 우리 민족 정신세계의 안정과 풍요로움을 주는 고유한 전통문화

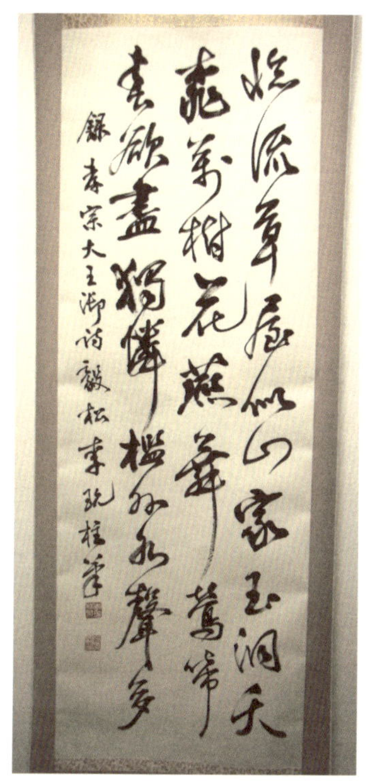

중 하나이다. 천 년 전부터 중국을 통해 전해온 한국의 서예는 순수 정서가 퇴색한 현대사회에 있어 중요한 문화예술이다.

"조선조부터 8·15해방을 맞기 전까지는 서예라 하지 않고 서도(書道)라고 했습니다. 예(藝)라는 것은 즐거움과 풍요로움을 타인에게 제공하는 기술을 의미하지만 도(道)라는 의미는 극기를 통해 스스로 해탈(解脫)하는 과정을 말하기 때문이지요. 일본인들이 쓰는 표기법에 대한 반발도 있겠지만 시대가 바뀌면서 극기라는 무거운 의미보다 모든 사람들이 함께 배우며 즐기는 의미의 예로 표현되어진 것 같습니다."

글의 아름다움과 완벽함의 기준은 세월의 흐름과 환경, 지역에 따라 달라질 수 있으며 어떠한 예술에도 완벽함이란 있을 수 없다. 추악함 중에서도 아름다움을 찾을 수 있고 아름다움 속에서도 추함을 느낄 수 있다는 예(藝)의 본질을 강조한 것이다.

이윤주 선생은 전라북도 정읍에서 태어나 향교식 서당에서 한문과 서화를 가르치셨던 부친의 영향을 받았다. 어릴 때부터 주위 환경에 의해 자연스럽게 서예에 눈이 떠지고 소양이 길러져 예인이 될 수 있었음을 보여주는 것이다. 당시 전라도 지방은 영화 〈서편제〉나 〈취화선〉에서 보듯 글과 그림 그리고 창(唱)으로 유명한 곳이기에 일반 가정은 물론 여느 선술집에조차 글과 그림이 걸려 있을 정도로 민중전통예술이 스며들어 있는 예향이었다.

"서예란 뛰어난 재능과 힘든 훈련 과정을 통하여야 이루어 질 수 있다는 생각은 버려야 해요. 서예교실에 몇 번 드나들다 자신은 글재주가 없다며 쉽게 포기하는 분들이 많은데 서예라고 해서 완벽한 형태의 작품만을 생각해서는 안 됩니다. 옛 궁중에서 써 온 궁체(宮體)와 같이 아름답게 잘 정돈된 글씨체가 있는가하면 민체(民體))와 같이 일반 민중들에 의해 집안 기둥이나 대문에 아무렇게 제 멋대로 써 놓은 글씨체도 있으니까요."

이윤주 선생은 1976년부터 1992년에 이르기까지 대한민국 미술대전에서 4회 특선과 1회 입선을 기록했으며 지금까지 전국에서 열린 수많은 서예대전에서의 특선과 입상경력이 있으며 각종 대회의 심사위원으로도 활약해 왔다. 1985년 서울에서 개최한 개인전 이후 행ㆍ초서에서 뛰어난 기량을 인정받은 서도 작가로서 평생 외길을 걸어온 대한민국을 대표하는 서예가이다. 그가 전통서예와 현대서예를 잇는 21세기 한국서단의 중추적 인물로 평가 받게된 이유는 한문학자로서의 능력도 인정받았기 때문이다.

"저는 군포(軍浦)시라는 명칭을 좋아하지 않아요. 해군기지였다는 어떠한 근거도 없고 어휘자체가 군사적인 느낌을 주기 때문이지요. 오히려 전국에서 가장 뛰어 난 풍수지리와 자연경관을 가진 느낌을 살려 수리산 이름을 딴 '수리시', 또는 태을봉을 딴 '태을시' 란 명칭으로 불리었으면 합니다. 수리산은 신라시대 때부터 내려 온 뜻깊은 이름입니다."

이윤주 선생은 23년 전인 1985년 안양에서 군포로 이주해 온 토박이 군포인이다. 14년 전 군포문화원을 창립한 주요멤버였으며 현재까지 부원장으로 재임하면서 군포시의 정체성을 찾기 위하여 집념을 가지고 열심히 봉사하고 있다. 산본 신도시가 개발되면서 군포시의 유적과 역사적 자료들이 많이 사라졌으며 계속적인 난개발로 이어지면 남은 자료들마저 사라질 위험이 많다. 그는 문화원 부원장으로서 지금까지 『군포설화조사』 『삼성사우조사』 『군포시지명유례』 등을 발간했다. 서예가로서 또 한문학자로서 이 작업의 중심이 되어 남긴 출판물

들은 그야말로 우리 군포시 역사에 한 획을 긋는 중요한 업적이다.

군포시민들의 서예에 대한 관심을 주도 해온 그는 군포여성회관 서예 강사, 군포로타리클럽 회장과 전국적인 모임으로는 한국서예문화원 이사장, 한국서가협회 총무분과위원장 등을 역임했다. 올해로 16년 째 중국과 교류전을 갖고 있으며 2005년 5월 미국 캔서스주 위치타시에서 현지 미국인들을 위한 서예전과 특강을 가졌다.

서예계에 바친 40년이 넘은 그의 연륜으로 이제 우리 군포시를 문화의 도시, 예향의 도시로 키워나가는데 큰 힘을 보태고 있다. 현재 산본중심상가 청송프라자 406호에 '청송갤러리' 를 운영하면서 후배들과 함께 제자들을 키우는데 여념이 없다.

시민들의 삶을
보다 윤택하게 ……

군포경제정의실천시민연합 공동대표 이흥주

그는 지난 10년간 군포경실련이 이룬 많은 업적들 가운데에서 '좋은 학교와 도서관 만들기 운동, 살기 좋은 아파트 대학설립'을 최고라고 평가했다.

"지난 10년간 군포경실련은 군포시내 쓰레기소각장, 물류센터건설과 확장, 부곡동임대아파트, 청양수련관구입비리 등 굵직굵직한 사안에 맞서 서명운동·반대시위 등 대대적인 범시민 반대운동을 벌여 왔지요. 그러나 이렇게 치열했던 장기집단투쟁에도 불구하고 성공한 예는 별로 없습니다. 차라리 적당한 시점에서 그들이 제시한 협상안을 수용했더라면 국가의 막대한 세금과 지자체 예산을 절약할 수 있었을 것입니다.

얼마 전 군포경실련이 창립10주년을 맞이했다. 1996년 창립을 위한 준비모임이 시작되고 다음해 발기인 대회와 아울러 쓰레기소각장 설치문제, 의정평가단 발족, 시민상담실설치 등 군포시 지역현안에 적극 참여하기 시작했으며 이듬해 98년도에 정식 창립식을 가졌다. 이번 군포경실련 4대 대표로 선출된 이흥주 대표는 지금까지 우리가 대해 왔던 과거 시민단체의 수장들과는 전혀 다른 의견을 가지고 있다.

"지금까지 우리 군포시민단체들이 벌인 집단적 반대 운동이 정부기관이나 타

220

지역 주민들로부터 지역 이기주의나 님비현상으로 비쳐지는 경향이 있었어요. 앞으로 시민단체는 집단적 다수의 힘으로 밀어붙이는 반대운동보다는 먼저 전문적 이론을 정립해 정부기관이나 지자체를 설득해 낼 수 있는 전문가들의 확보와 이에 필요한 예산 지원이 필수라고 생각합니다. 과거 김대중·노무현 정권 때와는 다른 새로운 정권의 탄생과 함께 새로운 시민단체들의 위상이 세워져야 할 것입니다."

그는 지난 10년간 우리 군포경실련이 이룬 많은 업적들 가운데에서 '좋은 학교와 도서관 만들기 운동, 살기 좋은 아파트 대학설립'을 최고라고 평가했다. 시민들의 삶의 가치를 높일 수 있었음에도 불구하고 국가나 지방단체가 신경을 쓰지 못한 감추어진 분야를 개발해 실제 군포경실련이 운영 실천해 보인 모범적인 사례라는 것이다.

"군포시의 모든 초중고 학교도서관에 사서를 교육 배치해 도서관 활성화에 기여함으로 군포시를 도서관을 중심으로 하는 문화도시, 교육도시로 만드는데 큰 공헌을 했습니다. 그리고 군포경실련의 모든 회원들이 모은 기금으로 자체 사무실(약 70평규모)을 구입해 운영하고 있는 것은 전국에서 군포시가 유일한 사례이지요. 그만큼 회원들의 자발적 참여가 이루어졌다는 산 증거가 됩니다."

그는 이씨조선 선조임금 이후부터 이곳 군포에 살아 온 전주 이씨 16대 가문 중의 한 사람이며 현재 부모와 자신의 손자 손녀에 이르기까지 4대가 모두 한 집안에서 살고 있다. 또한 지난 12년간 군포시 선거관리위원회의 한 사람으로 선거 때가 되면 정치적으로 중립을 지키며 올바른 지도자를 뽑는데 크게 공헌해 온 원주민 지역 지도자 중 한 사람이다.

이홍주 대표는 그의 외모에서 풍기는 것처럼 항상 소박하며 진실한 성격의 소유자이기에 많은 사람들이 그를 찾고 있다. 지난 수백 년 동안 이곳 군포지역에서 뿌리를 내려 온 가문의 자랑스러운 후손으로 지연·학연·혈연과 사회적

경륜 등의 모든 여건을 지니고 있으며, 수리산과 살아왔기 때문일지도 모른다. 지금까지 어느 한편에 서기를 거부하고, 전면에 나서기 보다는 항상 뒤에서 조용히 도움을 주었다. 그러나 지난 2월 그가 군포경실련 시민단체의 대표로 선정되면서 전면에 부상하게 되었다.

5년전 도장역의 이름을 '수리산역' 으로 바꾼 것도 그의 아이디어였다. 그는 어려서부터 나무를 하러 지게를 지고 납닥골에서 수리사까지 매일 수리산 정상을 오르내렸다. 봄에는 진달래가 온 산을 덮고 소나무 자작나무 자귀나무 등이 어우러져 녹음이 짙어가다가 어느새 단풍이 들고, 겨울이면 온 산과 들에 흰눈이 덮이던 아름다운 모습을 잊지 못한다. 이렇게 공기 좋고 교통 좋은, 그리고 인심까지 좋은 우리 군포시가 아름다운 수리산을 지키며 전국 최고의 살기 좋은 도시가 될 수 있도록 그는 군포시 원주민의 한 사람으로서 최선을 다 할 것임을 힘주어 말했다.

도심 속에 발 딛은
화엄 불교학자

정각사 주지 정엄

정엄스님은 더 많은 불자들이 불교를 쉽고 재미있게 배울 수 있도록 '화엄불교대학'을 열고 화엄경, 법화경, 천수경, 금강경, 선어록 등의 경전 뿐 만 아니라 사찰예절, 예불문, 반야심경 등 불자로서 알아야 할 기초적인 내용도 함께 가르치고 있다.

—아무리 훌륭한 종교라도 사회를 정화시키고 마음을 순화시키는데
일조하지 못한다면 하나의 골동품에 지나지 않습니다
'원각도량하처 현금생사즉시(圓角度量生死 現今生死卽是)'
부처님은 어느곳에 계실까 지금 서 있는 이 자리에 계신다네

군포시 산본 신도시에 산문을 연 화엄도량 정각사 일주문의 게송(偈頌)이다. 깨달음을 성취하면 누구나 부처가 되어 귀한 존재가 된다는 뜻이다. 즉 불교는 지금 서 있는 자리에서 마음만 깨달으면 누구나 부처님이 된다는 의미로 인간의 존엄성과 평등을 상징하는 말이다.

그는 1981년 어느 날 홀연히 속세를 떠나 부처님의 진정한 가르침을 배우기 위해 합천 해인사로 찾아가 행자 생활을 시작하게 된다. 이후 해인사 승가대학

에서 4년간 수학을 했으며 1987년 동국대 불교대학 선(禪)학과에 입학했다. 학사과정을 마치고 화엄학의 권위자인 '키무라 키요타카' 교수가 재직하고 있는 일본 동경대학으로 갔다.

그 곳에서 2년간 연구생 생활을 시작해 박사과정을 마치는 데까지 10년이란 긴 세월을 보냈다. 그는 중국 당나라 때의 화엄사상가였던 청량국사 징관의 화엄사상 연구로, 150년의 역사를 자랑하는 아시아 최고 명문인 동경대학에서 인문사회계열로는 316번째로 박사학위를 수여 받았다.

정엄스님의 연구는 불교학 가운데서도 가장 방대한 사상을 자랑하는 화엄사상이다. 화엄경을 기반으로 전개된 화엄사상의 핵심 용어는 법계(法界), 즉 진리의 세계이다. 법계란 '가고(往), 옴(復)에는 아무런 장애 없어 자유자재로 활동할 수 있는 장소이면서도 그 근원은 모두 동등하다. 수많은 오묘한 작용을 하면서도 오히려 여유가 있고 언어와 사고를 초월한 세계' 라고 그는 정의한다. 결국 진리에 입각한 마음, 즉 거짓 없이 순수하고 청정한 마음작용을 '법계' 라고 하며, 이를 깨달으면 누구나 부처님이 되고 성인이 된다는 것이다.

2001년 봄 귀국하자마자 군포시 산본 신도시 중심상가에 자리 잡은 조계종 정각사로 파견되어 현재까지 부처님의 가르침을 펼치고 있다. 사찰로서의 역할에 충실하기 위해 불공과 기도를 드리는 것 이외에도 매주 일요일에 어린이부, 청소년부, 가족들을 위한 일요 가족법회가 열리며, 오후에는 풍물패 강습이 열린다. 평일에도 전통무용 · 꽃꽂이 · 좌선수행 · 서도 · 차명상 등 다양한 문화강좌가 열리기도 한다.

정엄스님은 더 많은 불자들이 불교를 쉽고 재미있게 배울 수 있도록 '화엄불교대학' 을 열고 화엄경 · 법화경 · 천수경 · 금강경 · 선어록 등의 경전 뿐만 아니라 사찰예절 · 예불문 · 반야심경 등 불자로서 알아야 할 기초적인 내용도 함께 가르치고 있다.

"아무리 훌륭한 종교라도 사회를 정화시키고 마음을 순화시키는데 일조하지 못한다면 하나의 골동품에 지나지 않습니다. 모든 인간들이 삶을 영위함에 있어 종교와 아주 밀접한 관계를 형성하고 있지요. 때문에 종교는 삶의 활력소가 되어 보이지 않는 큰 힘을 발휘하게 됩니다. 이에 따라 모든 종교인들은 자비와 봉사를 통해 이 사회가 아름다워 지도록 지도해야 할 책임이 있는 것입니다."

그래서 화엄불교대학에서 공부하고 있는 모든 불자들은 교리를 배우는데 그치지 않고 각자의 능력에 맞추어 봉사단체와 신행 팀에 가입해 이웃을 위해 봉사하는 이타(利他)행을 실천하고 있다.

또한 정엄스님은 지역의 지도자격인 공무원과 학교 교사들도 불심으로 이끌고 있다. 군포시청의 '성불회' 와 군포경찰서의 '자비회' 그리고 교사불자회를 지도하고 있으며 동시에 개인택시 불자운전자의 모임인 ' 법륜회 '의 활동도 적극 지원하고 있다.

정엄스님은 불교를 믿고 스스로 부처가 되려하는 데에는 세 가지 자세가 필요하다고 말한다. 첫째, 인간은 모든 가치와 존귀함이 내면에 있음에도 불구하고 물질과 욕망에 사로잡혀 자기 자신을 제대로 보지 못한다. 욕망에서 벗어나 자신의 마음을 맑고 투명하게 볼 수 있어야 깨달음을 얻을 수 있게 된다. 둘째, 인간은 본래 남녀노소 빈부귀천을 막론하고 누구나 존귀하고 가치 있는 존재이다. 넓은 의미에서 동물이나 식물까지도 각자 소중한 가치와 존재의 의미를 가지고 태어났다는 사실을 깨달아야 한다. 셋째, 다른 사람이 있기에 내가 있고,

내가 있기에 다른 사람이 있으므로 서로 상부상조, 공존공생해야 한다. 더욱이 천지만물과 나는 한 뿌리라는 사실을 항시 잊어서는 안 된다. 지역주민들을 위하여 도심 포교당을 운영하며 부처님의 가르침을 전하고자 하는 정엄스님의 수행과 원력은 끝도 없다.

그는 동경대학에서 보낸 10년 동안 일본인들에게 많은 것을 배웠다. 한국 사람들은 신앙심은 두텁지만 사치와 자기과시를 좋아하는 반면 일본인들은 대부분 검소하고 예의 바르다는 사실이다. 그래서 그는 모든 불자들에게 성불하여 부처가 되려고 하기 전에 먼저 도덕성과 근면성을 갖춘 성실한 인간이 되어야 한다고 강조한다. 또한 일본인들은 지역 문화의 특성과 전통계승에 힘을 쏟으며 다양한 지역문화축제를 열고 있다고 한다. 관 주도가 아닌 주민들 모두가 다 함께 자발적으로 참여하는 행사이기에 더욱 큰 감명을 받았다고 한다.

끝으로 정엄스님은 정각사의 역할에 대하여 "부처님의 근본사상에 입각하여 기도하고 교양을 쌓고 보람을 가질 수 있는 불자를 양성하는 것, 누구라도 찾아와 마음을 쉴 수 있는 사찰이 되도록 하는 것과 지역에서 봉사하는 불자가 되도록 지도하는 것."이라며 군포시민 모두의 관심과 참여를 바란다고 말했다.

전통적 우리 예절을
회복시키는 차도

다(茶)문화 보급 화용회 회장 **정은자**

차(茶)란 인간이 마실 수 있는 모든 음료의 총체적 대명사이지만, 좁은 의미에서 동양의 고유한 순수 녹차만을 말한다. 손님을 접대하거나 건강을 위해 함께 차를 마시는 문화는 원래 수천 년 전 중국에서 시작되었다.

사진 | 남경 정희원(사진작가)

사람이 茶를 만나면

우주를 닮는다.

사람이 茶를 만나면

고요 속에 머문다.

또 사람이 茶를 만나면

텅 빈 하늘이 된다.

"수리산을 바라 볼 때마다 군포야 말로 차도를 수행할 수 있는 최고의 명소라는 생각이 듭니다. 사계절이 뚜렷하고 공기가 맑고 산수가 수려한 산을 바라보며 언제 어디서나 차를 마시면서 명상에 잠길 수 있기 때문이지요. 18년 전 서울에서 금정동 삼성아파트로 이사 왔을 때 수리산을 온통 붉게 물들게 했던 진달래 군락을 잊을 수 없어요. 초여름의 열기를 식히는 거대한 삼림욕장, 노랗고 빨

갖게 물든 가을 단풍들, 하얗게 쌓인 눈으로 아침인사를 하는 수리산은 군포주민들에게는 금강산보다 소중한 산입니다."

2004년 9월 신축된 군포청소년 수련관 3층에 30평 규모의 전통예절관이 생겨났다. 이곳에는 청소년들과 주부, 직장인들에게 한국의 전통차도와 예절을 보여주고 직접 체험할 수 있는 공간이다. 정은자 회장은 현재 유치원생으로부터 군포시를 방문한 외국인들에 이르기까지 많은 군포시민들을 위해 전통차도를 가르치고 있다.

"25년 전 처녀시절에 한 여성잡지에서 채원화 원장님(1994년 '자랑스런 서울시민'으로 선정되어 그 이름이 남산 타임캡슐에 묻혀 있다.)의 이야기를 읽고 많은 감명을 받았어요. 차도를 통해 대자연과 우주를 바라볼 수 있는 눈을 뜨게 되고, 자기 존재에 대한 의미를 깨달음으로 자유의지를 얻을 수 있다는 이야기였어요. 바로 그 순간 저는 인사동으로 찾아 뵙고 그 분의 제자가 되겠다고 말씀 드렸지요."

차(茶)란 인간이 마실 수 있는 모든 음료의 총체적 대명사이지만, 좁은 의미에서 동양의 고유한 순수 녹차만을 말한다. 손님을 접대하거나 건강을 위해 함께 차를 마시는 문화는 원래 수천 년 전 중국에서 시작 되었다. 그러나 한국을 통해 전해진 단순한 차 문화가 일본의 토요토미 히데요시 시대에 이르러 차의 도리(道理)라는 종교적 선(禪)의 복잡한 형태로 변모했다. 차를 마시기 위한 장소와 도구·분위기·행위·절차와 법도에 따라 정신주의를 현실로 이끌어 내면서 불교적 사상을 가미한 것이다.

"차를 마심에는 격식이 있어요. 그것은 무용처럼 부드럽고 우아하며 그윽하지요. 차를 위한 명상음악과 얼굴표정·손놀림·걸음걸이 하나하나가 춤사위입니다. 이렇게 격식에 맞추어 차를 마시게 되면 훨씬 분위기가 신성해지고 몸과 마음이 깨끗해지면서 그윽한 향기와 맛을 감지해낼 수 있게 되지요."

차도를 통해서 이기적이고 각박해진 현대인의 삶에서 전통적 고유예절을 되찾을 수 있다. 또한 차를 음복(飮福)하는 분위기와 절차를 통해 세속의 오염을 없애주고 감정의 상처를 치유하며 자신의 내면세계를 바라 볼 수 있는 마음의 거울을 발견해 낼 수 있다. 그러나 장소와 격식을 중요시하던 일본식 차도가 일본식민지시대 이후 한국으로 다시 건너와 언제 어디서나 자유롭게 차를 즐길 수 있는 형태로 변모하게 되었다. 바로 100여 년 전 태어난 '반야로차도문화원'의 종장인 효당 최범술 스님에 의해 격식보다는 차도를 행하는 자의 마음가짐을 더 강조하는 개념으로 바뀐 것이다. 자연스럽고 안정된 자세, 검소하고 질박한 자세, 동중동(動中動), 정중동(靜中動)의 자세, 때와 장소에 대한 융통성, 이 여섯 가지 자세가 바로 그가 강조한 '차도무문(無門)'과 '차도용심(用心)'의 개념이라는 것이다. 10년 가까이 서울 인사동에 있는 반야로차도문화원에서 수행하던 중 1999년 수리산 등반길에서 자주 마주치던 몇몇 주부들의 권유로 군포시 최초로 차도교실을 열게 되었다고 한다. 이것이 화용회 군포시지부의 시작이다.

"차도를 가르쳐 보면 외국의 학생들은 우리의 고유 전통을 존중해 가부좌를 틀어가며 오랜 시간 인내하며 열심히 배우지요. 반면 우리나라 청소년들은 잠시의 불편을 참지 못합니다. 한국부모들은 전통문화의 소중함을 가르치기 이전에 먼저 집에서 인내심을 가르쳐야 해요. 그리고 대한민국이 일 년에 수조 원의

외화를 들여 비싼 외제 커피를 마시는데 백해무익한 커피보다 건강에 좋고 우리의 농민들이 땀 흘려 재배한 국산 차를 마시는 데 더 큰 관심을 가져야 할 것입니다.”

차는 날씬한 몸매와 깨끗한 피부를 갖기 위한 미용음료이며 모든 성인병을 예방하는 한방음료이기도 하다. 무엇보다 차도는 내면의 세계, 영혼의 세계를 아름답고 행복하게 만드는 최선의 방법이라는 사실을 잊지 말아야 할 것이다.

“참고로 좋은 차를 고르시려면 차 잎의 색깔과 빛이 밝은 것이 좋으며 향기는 다른 것이 섞이지 않은 순수한 향이 좋습니다. 차의 맛도 쓴 맛·떫은 맛·신 맛·짠 맛·매운 맛·단 맛의 여섯 가지로 나뉘어져 있는데 어느 맛이던 뒷맛이 감미롭고 윤택한 느낌이 있어야 좋은 차입니다.”

—차도를 즐기는 사람은 마치 우주와 같은 무한한 깊이와 포용력을 갖게 되며 텅 빈 하늘처럼 맑고 투명해지며 끝없이 깊은 정적과 고요에 빠지게 된다.

강직하고 투명한
이 시대의 '포청천'

푸른희망군포 21실천협의회 상임위원장 **정 태 화**

지자체는 그 지역 단체장의 의식과 능력에 따라 문제점 해결과 도시의 경제적 가치가 좌우된다는 사실을 다시 한 번 강조한다.

"군포시청과 산하기관에서 일하는 공직자가 700여 명이 넘고 계약직과 비정규직원, 시의원들까지 합하면 1,000여 명이 넘습니다. 이들 모두가 군포시민들이 낸 세금과 국가 예산으로 먹고 살고 있지요. 그런데 이들 중 상당수, 국민들의 아까운 세금만 축내는 존재들이 아닐까 의심스러울 때가 있습니다."

정태화 상임위원장은 잘못된 시스템으로 인한 공직자들의 무사 안일주의 부정과 비리를 항상 염려하며 비판해 왔다. 첫 직장생활에서부터 은퇴하기까지 모두 40년간 공직생활을 해온 대선배로서 사랑하는 후배들을 위한 염려의 목소리인 것이다.

"4년마다 지자체 선거로 뽑힌 단체장도 부하 직원을 해고할 권한이 없습니다. 그나마 순환보직이란 인사제도를 이용해 자신의 입지를 굳히려 합니다. 예산 심의권을 가진 시의원들에게 잘 보여야 소속부서 예산확보가 원활해집니다. 무엇 보다 힘들지 않고 편안한 자리, 승진이 잘 되는 부서로 가기 위해서도 시장과 시의원들에게 항상 잘 보여야 하는 것이지요. 이러한 인사제도가 공직자들

을 무사안일과 복지부동으로 빠지게 하는 가장 큰 원인입니다.”

정 위원장은 6·25 전쟁 때 4년 4개월 학도병으로 참전해 화랑무공훈장을 받은 역전의 용사였으며 전쟁 후 국민대학에서 축산학을, 건국대학교 대학원에서는 생물학 석사 학위를 받았다. 1956년에 보건사회부 국립방역연구소(현 국립보건원)에서 공직생활을 시작한 후 40년간 주로 국민들의 후생과 복지 분야에 많은 영향력을 끼쳤다. 중앙 방역관, 국립보건검역소장, 국립마산보건소 소장 등의 요직을 거쳤으며, 고려대학교, 숙명여자대학교, 이화여자대학교와 대학원에서 외래교수로 제자들을 키워 온 교육자이기도 하다. 이론과 실무를 겸비한 국내 최고의 임상병리학과 미생물학의 대가로서 지금까지 존경받는 군포인이다. 과거 40년 공직자로서 3회에 걸친 대통령 표창(우수 공무원, 국가사회발전 공로 근정포장, 녹조훈장), 국무총리 표창, 보사부장관표창 5회, 일본후생성으로부터의 표창 등 수없이 많은 상을 받았다.

“제가 보건복지부에서 일할 때 부정 항생제를 색출한 공로로 대통령 표창을 받은 적이 있지요. 부정 의약품을 만든 12개의 제약회사로부터 집요한 회유와 압력과 협박에도 굴하지 않았던 결과였어요. 전두환 정권 시절 청와대 브리핑에서 장관의 만류에도 불구하고 대통령에게 직언함으로써 법정 전염병인 뇌염을 짧은 기간에 전국적으로 박멸시켰습니다.”

직위를 건 결단력을 가지고 옳다고 생각하는 일에 최선을 다할 때 반드시 보상을 받게 된다는 것이 공직자로서의 그의 소신이다.

그는 지금도 일하지 않고 복지부동하며 윗사람 눈치나 보는 공직자는 국민의 세금을 축내 는 기생충 같은 존재라는 말을 서슴지 않는다.

“군포시는 과거 쓰레기소각장, 물류센터확장, 임대아파트건설을 반대하는 극한투쟁으로 인하여 환경파괴, 저소득층 서민도시로 이미지가 굳어져 버렸습니다. 극단적 투쟁의 대명사인 시민단체와 지역 언론 때문에 아무런 성과도 없이 잘못된 인식만 남겼어요." 지자체는 그 지역 단체장의 의식과 능력에 따라 문제점 해결과 도시의 경제적 가치가 좌우된다는 사실을 다시 한 번 강조한다.

"군포시의 임대아파트 비율이 타 도시 보다 5, 6배나 높으며 작은 평수의 아파트가 월등히 많은 것도 문제입니다. 생산력이 높고 세금을 많이 낼 수 있는 대규모 기업체들을 유치하고 고급 소비가 가능한 중상층 외부 주민들을 많이 유입시켜 투자와 소비를 촉진하는 정책을 펼쳐야 합니다. 서민층과 중상층의 적절한 비례가 이루어져야 균형적 도시 발전이 가능하지요."

군포시민들도 공직자들과 단체장들을 싸잡아 비판만 할 것이 아니라 선거 때가 되면 정신을 똑바로 차려 성실하고 정직하며 미래사회의 변화까지 예측할 수 있는 능력을 지닌 국회의원과 단체장들을 선출해야 한다고 말한다.

"지역 향우회나 학교동창회가 중심이 되어 단체장을 선출하는 일은 없어야 합니다. 지역사회에 얼굴을 자주 내미는 정치꾼들보다는 전문성과 행정능력을 갖춘 새로운 인재들을 발굴해 지도자로 선출해야 지역이 발전할 수 있습니다."

이렇게 강한 직언을 군포시 공직자들과 단체장 그리고 시민단체에게 던진 이는 일찌기 없었다. 오로지 정태화 상임위원장만이 할 수 있는 발언인 것이다.

'푸른희망군포21실천협의회'는 21세기 가장 큰 과제인 에너지 절약과 탄소저감운동과 하천수질개선운동을 벌이는 군포시 시민단체이다. 군포시민들 모두에게 기후변화의 위험성을 알리고 이를 대비하도록 촉구하는 사업인 것이다. 현재 유용미생물인 EM발효액을 이용해 군포시내 산본천과 당정천, 죽암천의 악취를 제거하는 수질개선 사업을 벌이고 있다. 작년 12월 17일에는 '탄소발자국 시범사업'으로 환경부 장관상을 받는 쾌거를 이루기도 했다.

학문과 실무를 겸비한 지역사회 지도자

안양성결대학교 부총장 · 행정학 박사 **주 삼 식**

문화와 예술은 사람들이 주요 자산이다. 문화와 예술을 알고 표현할 줄 아는 사람들과 만들어 낸 작품을 즐기려는 사람들의 만남이 있을 때만이 꽃을 피울 수 있기 때문이다.

"군포시는 인구도 적고 경제적인 자립도가 낮아 도시 인프라 구축 능력이 상대적으로 부족할 수밖에 없어요. 그러나 작은 그릇일수록 알차게 채우기 쉽듯 작은 도시이기에 주민들 모두가 주인의식을 가질 수 있으며 지역 활동 참여율을 높이기도 용이합니다. 산본 신도시 주민들 대부분이 외지인들이지만 함께 참여하는 문화적 구심점만 만들어 줄 수 있다면 군포시를 제2의 고향으로 사랑하게 될 것입니다."

안양지역 대학문화의 선두주자로 알려져 온 안양성결대학교 부총장은 1995년 이후부터 군포지역에서 살면서 지역사회 리더로 일해온 주삼식 박사이다. 군포시를 일류 명품도시로 만들기 위해서 문화 · 교육 · 예술 · 경제 등 각 분야의 최고 전문가들을 유치해 이들을 일선에 내 세우는 일이 시급하다고 말한다.

"일회성으로 많은 예산을 들여 인기 연예인들을 초청해 수천 명의 시민들을 한 자리에 모아 놓았다고 성공한 행사가 아닙니다. 밤마다 풀뿌리 예술인들이

펼쳐내는 아기자기하며 의미 있는 거리 공연과 전시, 일반인들의 진기하고도 기발한 퍼포먼스가 끊임없이 이어지게 된다면 이것이 진정한 문화 도시가 되는 길이라고 생각합니다."

주삼식 박사는 1953년 생으로 충청남도 금산군 막현리에서 태어났다. 100여 농가만으로 이루어진 어려운 농촌 가정에서 자랐다. 초등학교를 졸업한 후 어머니의 외가가 있는 서울 동대문 보문동 근처의 중학교로 전학하였다. 가난 때문에 어린 나이에도 불구하고 서울 종로 약재상가에 있는 종로한약원에 약재보조원으로 취업하게 된다. 그러나 누구보다 머리가 빠르고 영리해 심부름을 하면서 어려운 한자로 된 약재 이름을 전부 기억했다. 순진하고 착한 성품으로 누구에게나 칭찬 받는 귀엽고 어린, 관심의 대상이었다. 그러나 사춘기가 되자 주인집 딸의 영향으로 남의 밑에서 일하기보다 공부해 훌륭한 사람이 되겠다는 결심을 하였다. 청계천 고서점에 가 대입준비과정 참고서와 강의록을 사들고 집에 돌아와 일이 끝난 후 이른 새벽까지 공부하기 시작했다. 고등학교 1학년을 중퇴해야 했던 그가 이러한 노력으로 검정고시를 패스하고 성결대학에서 행정학을 전공한다. 그러나 현실에 대한 자기 괴리로 인한 심각한 방황을 하게 되어 지역사회개발학과 신학(神學)을 함께 공부하며 목사가 될 꿈을 꾼다.

대학 졸업 후 전도사가 되어 시골의 조그만 교회에서 일하게 되지만 치유될 수 없는 병과 가난으로 신음하는 주민들에게 자신의 조그만 믿음과 신앙만으로 목회를 하는 것에 대한 한계를 느낀다. 그래서 보다 많은 사회적 경험과 성찰이 필요하다는 생각으로 대학원에서 행정학(사회과학)을 공부하기로 결심했다. 뼈빠지게 힘들고 가난했던 시골 전도사이었기에 아침 8시부터 시작되는 캠퍼스 내 모든 허드렛일들을 마다하지 않고 처리했으며 석사논문을 마치기까지 열정을 다해 공부함으로 지도교수, 학장으로부터 큰 신임을 받게 된다. 준비된 자(者)에게 기회가 온 다는 말처럼 석사과정을 마치게 되었을 때 모교인 성결대학에 처음으로 행정학과가 신설되었다. 지도자를 초빙하게 되었을 때 신앙심이 돈독하며 학문적 바탕을 가져야 만 한다는 이 두 가지 조건에 바로 그가 합당하다는 지목을 받게 된 것이다. 전임강사로 선임되고 박사과정을 마쳤을 즈음 안양성결대학이 종합대학으로 인가를 받게 되면서 정교수로 승진되고 이후 학과장 · 대학신문 주간 · 대학원장 · 학부장 · 기획처 · 교무처장 등 대학 내 요직을 두루 거친 후 마침내 부총장에 이르게 된 것이다.

그는 또한 1990년 초기 산본 신도시 때부터 거주하기 시작한 군포시를 위해 경실련 집행위원장을 시작으로 군포시를 위한 많은 봉사를 해왔다. 현재도 공동대표로 활동하고 있다. "이론 중심의 학문과 현장에서 배운 산 체험이 협력 체재를 이룰 때, 보다 큰 지역사회로 발전할 것 입니다. 산(産) · 학(學) · 지역(地域) 즉 지자체와 기업체 그리고 대학이 함께 조화를 이루어 낸다면 군포시도 1등 도시로 발돋움할 수 있습니다."

대학은 인적자원을 키우는 곳으로 교수들도 지역사회를 위한 테마를 연구하고 제시해 지역사회와의 네트워크를 형성해 나가야 한다. 경기도 이천은 도자기로 유명한 지자체이기에 지역 내 대학들은 도자기학과가 있어 학문적 사업적 성과를 배가시키고 있다. 또한 지역의 돈 많은 부호들도 대학에 장학금과 발전기금을 기부하면서 자신의 부(富)를 의미 있는 곳에 쓰고 싶어 한다.

"현대사회는 '내적인 것' 과 '외적인 것' , '보이는 것' 과 '보이지 않는 것' 모두 한꺼번에 충족시켜야만 만족할 수 있는 시대입니다. 모든 사람들이 좋아 하면서 모든 사람들이 함께 할 수 있는 것이 무엇인지 알아내어 이것을 명품으로 만들어낼 수 있는 지혜가 군포시 지자체장과 모든 공직자들에게 필요한 시점입니다."

군포에 신바람 일으킨 전통 사물놀이

전통문화예술단 〈누리〉 단장 최 진 우

지난 5년간 우리 군포시민들도 각종 행사나 축제에서 4명의 사물놀이 팀이 공연하는 모습을 보아 왔을 것이다. 대한민국국악협회 군포시지부에는 기악·민요·무용 팀들이 있어 군포시내의 각종 공연 뿐만 아니라 인근 대도시로부터의 초청공연과 자매결연도시를 중심으로 한 해외공연도 매해 참여하고 있다.

"우리의 고유 장단처럼 뛰어난 음율은 세계에 없어요. 비록 단순한 음이지만 높고 낮은, 빠르고 느린 장단의 조화만을 가지고 이렇게 완벽한 음악을 만들어 낼 수 있으니까요. 세계적으로 우리나라 농악처럼 흥겹게 어깨를 들썩이고 온 몸으로 장단을 맞추며 관객과 하나가 되어 춤을 출 수 있는 전통음악은 별로 없습니다."

사물놀이는 우리나라 전통음악인 농악에서 장구와 북·징과 꽹과리, 단순하고도 손쉬운 이 네 가지의 원시적 민속 타악기만을 가지고 연주를 한다. 1978년 김덕수를 중심으로 결성된 사물놀이패가 이제 국내는 물론 국제적으로 널리 알려지게 되었다. 이것은 기존의 서서하는 풍물놀이에 비하여 실내 연주에 적합하게 앉아서도 공연할 수 있도록 재구성된 것이다. 이제는 새롭게 창안된 국악답게 관현악단이나 재즈 밴드와도 협연하는 다양한 활동으로 영역을 넓혀 가고

있다.

지난 5년간 우리 군포시민들도 각종 행사나 축제에서 4명의 사물놀이 팀이 공연하는 모습을 보아왔을 것이다. 현재 대한민국국악협회 군포시지부에는 기악·민요·무용 팀들이 있어 군포시내의 각종 공연 뿐만 아니라 인근 대도시로부터의 초청공연과 자매결연도시를 중심으로 한 해외공연 등에도 매 해 참여하고 있다.

필자는 군포시 전통문화예술단 〈누리〉를 대표하고 있는 최진우 단장을 만나보았다. 〈누리〉라는 이름은 '모두 함께 즐거움을 누린다.' 라는 의미로 쓰여 졌다고 한다.

"예전에는 국악에 대한 체계적인 이론 없이 지역적인 특성과 전통을 가진 장인들이 개인적으로 제자들을 사사하는 형태로 전해내려 왔지요. 그러나 이제는 국악예술학교, 일부 대학들의 전공분야로 채택되어 보다 완벽한 이론적 체계를 갖추어 가고 있습니다."

그는 전라북도 익산에서 태어나 전통악기를 다루는 아버지와 판소리를 하는 누님의 영향으로 고등학생 시절부터 장구를 배우기 시작했다. 대학에서 사물놀이 동아리 선배들의 신명나는 무대 공연에 심취하는 바람에 학교도 휴학한 채 사물놀이에만 몰입한 적도 있었다. 대학을 마친 이후 '사물놀이 한울림 부여교육원' 에 입학했다. 그리고 대구·전주·이천·수원 등 전국의 유명한 스승을 찾아다니며 그들로부터 개인적인 사사를 받았다.

"북·장구·꽹과리·징을 두드리는 4사람은 제각기 각자 자신들의 소리를 과시하기 시작합니다. 그러다 두 가지, 세 가지 나중에는 모두 합해지면서 소리의 대결을 펼치기 시작하지요. 각자의 개성과 기교, 가지고 있는 모든 힘과 기를 다해 서로를 공격합니다. 싸우다가 하나가 되고 다시 부딪치고, 다시 하나가 되는 반복인 것이지요. 이러한 대결이 서로간의 우정으로 변하고 하나의 조화를 만들어 내면서 마지막에는 화해의 음율로 마무리 지으며 대단원의 막을 내리게 되지요."

이 과정에서 객석의 관객과 무대 위의 공연자 모두가 긴장감과 흥분으로 하나가 되는 환희와 절정을 맛보게 된다. 모든 소리가 하나가 되고 우주가 하나가 되면서 관객과 연주자가 음과 장단에 취해 몰입에 상태에 빠진

다. 공연이 끝나면 연주자들은 온 몸에 진이 빠져 마치 마약에 중독된 사람처럼 극심한 흥분과 함께 가벼운 상실감까지 느끼게 된다고 한다.

2004년 군포시로 들어와 전통문화예술단 〈누리〉를 창설하고 군포시청과 예총, 각 학교 기업체등을 순방하며 공연을 벌여 왔다.

"지금까지 군포시 공연은 행사나 축제를 중심으로 분위기를 띄우는 역할로서의 사물놀이에 지나지 않았어요. 이제는 순수하게 국악만을 위한 공연, 사물놀이만을 위한 공연이 많아져야 합니다. 군포시 국악협회가 조직한 공연팀인 〈해밀〉이 재작년부터 군포문화센터 5층 공연장에서 일 년 4계절, 4회의 공연을 시작했지요. 처음에는 홍보가 되지 않아 어려움이 많았지만 이제는 전 좌석이 만석이 될 정도로 군포시민들의 관심을 끌기 시작했습니다."

최진우 단장과의 만남을 통해 우리 모두가 이런 전통가락에 대한 관심이 소홀하지 않았나 반성하게 되었다. 이들 사물놀이 공연장에 참여하며 함께 흥을 돋우는 것만으로도 우리의 소중한 문화유산을 가꾸고 발전시켜 전 세계로 널리 알리는 소임을 감당하는 것이 아닐까 생각하게 된 것이다.

군포시의 홍보 대사,
인기 가수 춘자

가수 춘자 (본명 홍수연)

군포시가 배출한 춘자, 가수뿐만 아니라 모델·탤런트·영화배우 등 다양한 활동으로 전국민들에게 영원히 기억되는 최고의 연예인으로 성공하기를 모든 군포시민들은 바라고 있다.

사진 | 한재수, 남상준

"군포시가 바로 제 고향이에요. 부모님은 아직도 산본 신도시 14단지에 살고 계시구요. 얼마전 갓 결혼한 제 동생도 서울에서 다시 내려와 이곳에 신혼살림을 차렸지요. 제가 어릴 적에는 수리산에서 흘러 내려 온 하천들이 많아 물놀이하며 놀았던 기억과 과수원과 밭들이 있어 열매를 따며 돌아다니던 기억이 납니다. 저는 금정동 재래시장에서 아직까지 장사를 계속하고 있는 나이 많은 상인들의 얼굴을 기억하고 있어요."

필자는 지난 10월 10월 '수리 수리 마수리, 마법축제' 군포시 시민대축제에서 가수 춘자(春子)를 처음으로 만날 수 있었다. 데뷔 후 7년간이나 완전 삭발의 빡빡 깎은 헤어스타일, 현란한 형태의 각종 선글래스, 몸에 새겨진 문신과 함께 특이한 외모로 인기를 끌었던 가수 춘자가 예전보다 훨씬 성숙해진 여인의 모습으로 군포시민들 앞에 섰다. 3년 전 '철쭉 동산' 축제 후에 참가하는 두 번째 출연이라고 한다.

한국인의 일반적 정서에 어긋나는 엽기적인 모습, 거친 행동, 스스럼없는 입담, 터프한 이미지로 국내 정상급 인기가수가 될 수 있으리라고 아무도 예측하지 못했다. 그러나 춘자는 톡톡 튀는 이러한 자신만의 독특한 개성과 파격적 이미지로 단숨에 스타덤에 올라 이젠 하루에 5~8개 이상의 바쁜 스케줄을 소화하는 인기가수가 되었다. 새롭게 달라진 성숙한 이미지와 함께 댄스곡·힙합·대중가요·발라드 등 다양한 장르의 노래를 훌륭히 소화하며 10대 청소년들로부터 5~60대 장년들에 이르기까지 폭 넓은 팬들을 확보하고 있다.

산본중학교 시절 육상을 했으며 고등학교 때에는 에어로빅에 빠져 2학년 때 헬스클럽에서 강사자격증을 따고 중년의 가정주부들을 가르치는 시간 강사생활도 했다. 운동을 하는 동안 친구들과 함께 언더밴드를 조직해 파워풀하면서도 가창력 있는 노래로 학교 내 공연은 물론 군포와 안양 주변의 수많은 행사에 참가하며 끊임없이 노래하고 춤을 추었다.

"제 생활에서 춤과 노래가 없다는 것은 상상할 수 없었어요. 춤과 노래가 바로 내 삶 그 자체이니까요. 고등학교 3학년 때 안양에서 아르바이트로 DJ 활동을 하면서 수없이 응시한 가수 오디션에 탈락하는 아픔도 겪었지만 결코 포기할 수 없었어요. 많은 학생들이 가수가 되려는 꿈을 꾸고 있지만 힘든 과정을 겪지 않고서는 결코 스타가 될 수 없어요. 연예인으로서의 타고난 끼와 자질은 물론 어떠한 상황에도 당당해야 하며 절대 포기하지 않는 강한 인내심을 가져야만 성공할 수 있습니다. 물론 운(運)도 따라 주어야 하겠지만요."

2001년 22세의 나이에 키 172cm, 체중 52kg 마치 패션모델과 같은 날씬한 체격, 파워댄스·에어로빅·당구·수상스키 등으로 단련한 만능 스포츠선수로서의 체력과 파워풀한 가창력을 가진 '뉴리안'이란 이름의 신인 가수로 정식 무대에 섰다. 3년 후 2004년에야 그녀가 평생 꿈꾸어 오던 1집 앨범인 〈가슴이 예뻐야 여자다〉라는 타이틀곡을 출반하면서 방송계에 첫 선을 보이게 된다. 이 데뷔

곡의 인기로 '난영가요제'에서 대상을 수상하게 되고 M-net 뮤직비디오 페스티벌 여자솔로부분 신인상을 획득하는 큰 영광을 안게 되었다.

2005년 2집인 〈춘자〉, 2007년 3집 〈사랑이 뭐길래〉, 그리고 지난 5월, 4번째 앨범인 〈Lucia Chunja〉를 출반했으며 그녀의 쿨하고 독특한 외모와 스타일로 인해 영화 〈투사부일체〉와 〈몽정기 2〉, 수많은 유명 연예인들과 TV 토크 쇼의 게스트나 페널로 출연했으며 방송드라마의 연기자로 변신하기도 했다. 2005년 청담동 트리베타 클럽에서 열린 '스타 도네이션 2005'라는 패션쇼의 모델로 출연해 엽기 스타일이 아닌 섹시 스타일을 처음으로 선보여 주위 사람들을 놀라게도 했다. 이 자리는 서울대학병원이 주최하고 스타들이 참석해 자신들의 애장품을 경매해 모은 기금으로 난치병 어린이들을 돕는 뜻 깊은 행사였다.

"중·고등학생 시절, 공부와 담을 쌓고 운동과 노래에 미쳐 다니며 흔한 말로 '놀던 시절' 사고뭉치로 부모님의 마음을 아프게 해드린 적도 많았어요. 하지만 지금은 나름대로 열심히 살아 온 저를 너무나 대견해하고 계셔요.

제가 공연할 때마다 맨 앞자리에 앉아서 저를 박수로 응원해 주고 동네에서 '춘자 아버지! 안녕하세요?'라는 인사를 받을 때는 언제나 환하게 웃으면서 정말 흐뭇해하시지요."

과거 군포와 안양지역에서 알게 된 친구들과도 변함없는 우정을 나누고 있지만 몇몇 친구들은 연예인이 된 자신에게 거리감을 두고 전혀 연락을 하지 않는 경우도 있단다. 얼마 전 친구와의 17년 만의 첫 전화 통화에서 자신의 결혼식 축가를 불러 달라는 부탁을 받았을 때 정말 당황했다고 한다. 이미 짜여진 바쁜 스케줄 때문에 도저히 그녀의 결혼식 당일에 참석 할 수 없었기 때문이다.

"얼마나 고민했는지 몰라요. 아마 그 친구는 섭섭했겠지요. 그러나 연예인들의 생활을 이해해 주었으면 좋겠어요. 평소에 서로 자주 연락을 하며 우정을 나누었다면 이러한 일이 없었을 텐데. 저도 언제까지 노래만 하고 살 수는 없잖아요. 언젠가 군포시로 돌아와 일가친척이나 친구들과 함께 수리산 부근에서 논밭을 갈면서 노래하고 춤추며 사는 것이 꿈이거든요. 지금도 근처 작은 텃밭에 상추와 고추 오이 같은 것을 심어 놓고 틈틈이 시간을 내어 가꾸고 있지요."

3년 전 MBC-TV '일요일, 일요일 밤에'의 인기 코너인 '브레인 서바이벌'에서 우승해 받은 500만 원을 모교인 산본중학교를 위해 장학금으로 기탁한 사실은 고향인 군포와 함께 고향 친구들을 사랑하는 그녀의 마음을 대변한 행동 중 하나이다.

"군포에서 부르는 초청이라면 아무리 바빠도 언제 어디서든 달려 와 공연하고 있어요. 아빠 엄마 군포시민 모두를 행복하게 해 드릴 수 있기 때문이지요. 3년 전 저를 군포시의 홍보대사로 선정했다는 소식을 들었을 때 정말 좋았는데 그 후 아무 소식이 없어 정말 섭섭했지요. 후배 가수인 '솔비'도 저와 같은 군포 지역 출신이라는 사실이 정말 자랑스러워요. 노래 잘하는 아이들이 계속 인기인이 되어 살기 좋은 군포시를 빛낼 수 있는 홍보대사가 될 수 있었으면 좋겠습니다."

마지막으로 그녀에게 가장 좋아하고 따르는 국내 가수는 누구냐는 질문을 던져 보았다.

"인순이 선배를 가장 존경해요. 어떠한 장르의 노래이던 자신에게 알맞게 소화해낼 수 있는 가창력과 끊임없이 노력하는 자세를 배웁니다. 30년간 무대 위에 서면서도 어느 한 순간 놓치지 않고 모든 것을 완벽하게 소화해 내려는 열정은 정말 놀라워요. 어느 누구에게나, 이름 없는 후배라 할지라도 겸손한 자세를 보이며 사랑과 친절을 베풀 줄 아는 모습이 최고의 가수라 존경심을 갖게 하지요."

그녀와 인터뷰하는 동안 요즈음 인기리에 방송되고 있는 MBC-TV 주말드라마 〈춘자네, 경사났네〉에서 '춘자' 역을 맡은 탤런트 고두심이 떠올랐다. 훨씬 젊고 발랄한 '우리의 춘자' 이지만 드라마 속의 춘자처럼 시골여인의 투박하면서도 의리 있고 정겨운 고향냄새를 맡을 수 있었다. 우리 군포시가 배출한 '춘자' 도 가수뿐만 아니라 모델·탤런트·영화배우 등 다양한 활동으로 전 국민들에게 영원히 기억되는 최고의 연예인으로 성공하기를 모든 군포시민들은 바라고 있는 것이다.

정책전문가로 우뚝 선 젊은 정치인

군포희망포럼 대표 **하수진**

군포시는 수리산을 중심으로 그린벨트 등 자연녹지가 대량 파괴되면서 국가 발전의 희생양 역할에 그치고 있습니다. 군포시 도시계획은 지역현황을 잘 알고 지역발전에 애착을 가지고 있는 지자체와 함께 우리 주민들이 앞장 서야 합니다.

"백범 김구 선생은 『백범일지』에서 독립된 우리 대한민국이 비록 작은 나라이지만 세계에서 가장 아름다운 나라, 가장 문화가 번성하는 나라가 되기를 원한다고 말씀하셨습니다. 우리 함께 살고 있는 군포시도 비록 대한민국에서 3번째로 작은 면적의 소도시이긴 하지만 수도권 제일의 아름다운 환경 도시, 문화와 예술의 도시로 성장하기를 원하고 있습니다."

군포시의 성장원동력 창출을 위한 '군포희망포럼'의 하수진 대표는 어릴 때부터 정치가를 꿈꾸며 군포지역에서 자신의 꿈을 펼쳐 온 이제 갓 마흔을 넘긴 젊은 정치인이다. 그의 외중조부는 독립군 참모장으로 해방 직후인 1948년 백범 김구 선생과 함께 통일정부수립을 위해 평양 남북대표자회의의 남한 대표로 참석 했던 강재 신숙 선생이시다. 대부분 독립운동가 자손들과 마찬가지로 그는 경기도 연천 철도역 주변의 빈민촌에서 태어나 어렵게 자라났다. 학교 성적

은 우수 했지만 대학 입학금이 없어 어린 나이에 2년간의 막노동으로 대학 입학
금을 벌어야하는 어려움도 겪었다.

자신처럼 못 살고 소외된 사람들의 대변인이 되고자 경희대학교 정치외교학
과에 입학하면서 바로 학생운동을 하게 되었다. 당시 학생운동의 우상이었던
이철·제정구·노무현 등과의 만남이 이루어졌으며 제정구 의원의 정책비서관
이 되면서 정치생활의 첫 발걸음을 내딛게 된다. 이때 제정구 의원과 함께 일하
던 김부겸 의원과의 만남도 이루어져 이 후 군포시를 중심으로 15년 가까이 함
께 일한 정치적 파트너가 되어왔다.

"제정구 의원님은 항상 저에게 정치인이 되기 전에 먼저 사람이 되라. 나의
작은 그릇에 사람이 넘치게 하면 작은 그릇이 나중에는 양동이도 되고 항아리
도 될 수 있다고 말씀해 주셨지요. 정치를 하되 권력에 목표를 두지 말고 사람에
게 목표를 두라는 말씀이지요. 이때부터 어렵고 힘든 이웃들과 동거동락하며
이들의 어려움을 덜어주기 위해 노력하는 것이 정치인의 사명이라 생각하게 되
었습니다. 그러나 바쁘게 뛰다 보면 저도 모르게 위임받은 자(者)로서의 직분을

망각해 버릴 때가 있었던 것 같아요."

30대 중반의 젊은 나이로 경기도 도의원으로 선출되어 초선의원으로서는 상상도 할 수 없는 저돌적 의정활동을 벌였던 사실은 지금까지도 널리 알려져 있다. 불과 6개월이라는 짧은 의정활동의 초선의원으로 〈중부일보사〉가 제정한 '제1회 중부 율곡대상' 광역의원 부분에서 대상을 수상한 사실이 이를 증명하고 있다. 이것은 젊은 정치인의 일회성 의욕노출이 아니라 질문 하나를 하기 위해 많은 시간을 준비하는 노력형 지역일꾼이라는 사실을 출입기자들로부터 인정을 받았던 것이다.

"지금 우리 군포시의 위기는 중요 도시계획이 군포시가 아닌 건설부의 손에 의해 세워지고 있는 것입니다. 물류센터의 확장, 대규모 임대아파트건설, 광명―수원 간 민자 고속도로 등 대형 사업들 때문에 군포시는 수리산을 중심으로 그린벨트 등 자연녹지가 대량 파괴되면서 국가 발전의 희생양 역할에 그치고 있습니다. 군포시 도시계획은 지역현황을 잘 알고 지역발전에 애착을 가지고 있는 지자체와 함께 우리 주민들이 앞장 서야 합니다."

그리고 군포시가 재정 자립도가 높은 자족의 도시가 되기 위해서는 산본신도시에 거주하고 있는 젊고 고학력인 고급인력을 충분히 활용해야 한다는 것이 그의 주장이다.

"군포시는 수도권 중앙에 자리잡은 사통팔달하는 최고의 교통요지입니다. 현재 100만 평이 넘는 면적의 당동공업단지를 최첨단산업단지로 키우기 위해서 맑은 공기와 풍부한 수자원이 필요하며 풍부한 고급인력의 확보가 우선적으로 필요할 것입니다."

하수진 대표는 2006년 지자체 선거에서 여러 가지 정치적 주변 상황이 급변하는 바람에 경기도 도의회 두 번째 도전에는 실패했다. 그러나 현재 자신에게 주어진 시간들이 미래 정치활동을 위한 너무나 귀중한 시간들로써 더 많은 것을

차분하게 배워 나갈 수 있어 진정 행복하다고 말한다. '

"너무 일찍 정치권에 몸담았기 때문인지 아니면 일에 대한 지나친 욕심 때문이었는지 어린 두 아이들이 아빠 얼굴을 잊을 정도로 바쁘게 살았습니다. 지난 3년 동안 저는 잃었던 제 가족을 찾을 수 있게 되었어요. 아이들이 아빠를 인정하고 따르게 된 것이 무엇보다 감사한 일입니다."

그는 지금 군포희망포럼 대표로서 또한 정책 전문가로서 군포시 신(新)성장 동력을 창출하기 위한 연구와 자료수집, 예산확보, 세미나, 포럼 등 각가지 모임에 힘쓰고 있다. 군포시를 작지만 가장 경쟁력 있는 도시로 만들기 위한 활동을 쉼 없이 펼쳐 가고 있는 것이다.

매니지먼트 경험은
요식업 오너의 필수

한국음식업 중앙회 군포시 지부장 **홍순일**

젊은 시절, 주방에서 일하는 동안 맛있게 피우던 담배를 끊어 모은 돈으로 내 부모를 모시는 대신 독거노인들을 위해 잔치를 하기로 결심한 것이지요 '주는 만큼 되돌아온다.' 라는 말이 있듯이 많은 도움이 되었어요.

"제가 어릴 적에는 '먹는 장사는 망하는 법이 없다.' 는 말을 듣고 자라 왔습니다. 그러나 지난 27년간 음식을 직접 만드는 주방장으로나 경영자로서 요식업에 종사해 오는 동안 지금처럼 경영에 어려움을 느낀 적은 없어요. 군포시도 일 년에 4백여 개의 새로운 상호로 음식점이 생겨나고 있지만 폐업하는 숫자는 두 배 이상입니다. 식자재 가격과 인건비가 폭등한 반면, 겨우 남긴 이윤도 정부가 세금으로 걷어 가버리고 있어 이제 먹거리로 돈버는 시대는 끝나버린 절박한 느낌뿐입니다."

IMF사태 이후 직장을 떠난 많은 퇴직자들이 너도 나도 요식업에 뛰어드는 바람에 제(諸) 경비는 급격하게 뛰어오른 반면 오히려 음식 값은 떨어지는 기현상이 나타났다. 이후부터 지금까지 이러한 과잉경쟁으로 인해 전체 요식업자들의 5% 내외만이 현상유지하고 있다.

홍순일 회장은 현재 당동 군포역 앞에 있는 '이조 갈비' 의 운영자이자, 모두

1,583개의 요식업소가 회원으로 가입되어 있는 한국음식업중앙회 경기도지회 군포시 지부장 직을 맡아 일하고 있다. 요식업도 이제는 아무나 신고만 하면 개업할 수 있는 신고제가 아닌 일정 조건이 완비되어야만 하는 허가제로 제도 변화가 선행되어야 한다고 말한다.

누구나 하루에 3번씩 식사를 하고 있고 그 중 한 번 이상은 외식을 한다. 대한민국에 인구 80명당 한 개의 음식점이 있다는 사실은 그 만큼 한국인의 생활 속에서 먹고 마시며 즐기는 것이 삶의 근간이라는 사실을 말해주고 있다.

"요식업이라고 해서 맛으로만 승부하는 시대는 지났어요. 최적의 위치선정, 메뉴선정, 색다른 인테리어, 청결과 위생, 종업원서비스교육, 광고와 마케팅, 회계와 세금문제 등을 해결할 수 있는 오너의 매니지먼트(MANAGEMEMT) 경험이 필요한 사업입니다. 그래서 요즈음은 주방장 출신보다 지배인 출신의 오너가 성공 비율이 더 높아요." 그러나 그는 주방장 출신의 오너이다. 17년 전 이조갈비의 주방장으로 일하고 있던 중 그가 푼푼히 모은 돈으로 독거노인들을 위해 매달 푸짐하게 잔치를 베풀어 드린 이야기가 MBC-TV어버이날 특집으로 방영되었다. 이것이 계기가 되어 후원자를 만나게 되고 일약 경영주로 도약한다. 이후 지금에 이르기까지 매달 어김없이 독거노인잔치를 치루고 있다. 매월 둘째 주 군포시 독거노인 120여 명을 초대하는 이 잔치는 이제는 군포시를 넘어서 전국적으로 알려지게 되었다.

"저의 부모는 제가 중학생 때 모두 돌아가셨어요. 젊은 시절, 주방에서 일하는 동안 맛있게 피우던 담배를 끊어 모은 돈으로 내 부모를 모시는 대신 독거노인들을 위해 잔치를 하기로 결심한 것이지요 '주는 만큼 되돌아온다.' 라는 말이 있듯이 비즈니스에도 많은 도움이 되었어요. 잔치에 관련된 많은 분들이 저의 업소를 소개하고 선전하는 입소문을 내어주셨기 때문이지요."

그는 4년 동안 군포시 지부 운영위원으로 성실하게 일한 것이 인정되어 2005

년 3월, 12년간이나 연임해 왔던 안재
문회장에 이어 새로운 회장으로 취임
하게 되었다.

군포시 지부는 1989년 4월 요식업
조합으로 창립된 이후 군포지역 모든
요식업자들의 권익 증진과 모범업소
선정, 생활개선 지도, 소득세·부가세
신고 대행, 신규업자를 위한 위생 교
육, 방역 사업 등을 벌이고 있다.

"요식업자들의 가장 큰 문제는 구입
하고 있는 농산물에 대한 부가세 공제
가 너무 적다는 것입니다. 이러한 부
가세, 종합소득세 등으로 인한 세금 압

박과 종업원을 위한 각종 보험료 등 과다한 지출 문제를 우리 요식협회가 지속
적으로 강력하게 정부에 건의하고 있습니다."

마지막으로 그의 소박한 개인적 바람을 필자에게 이야기해 주었다.

"우리 사회에는 많은 종류의 요리책이 나와 있지만 정작 전국적으로 몇십만
명이나 되는 요식업자들을 위해 만든 전문서적은 별로 없어요. 저의 개인적 바
람은 제 경험을 토대로 현장에서 요리를 만드는 전문인들을 위한 레시피
(RECIPE)와 함께 음식점 운영에 대한 노하우가 담긴 요리책을 발간하는 것입니
다. 그리고 제가 앞으로 더 많은 돈을 벌게 된다면 제 손으로 사회복지시설을 건
립하고 싶어요. 저뿐만 아니라 더 많은 요식업자들이 이 사업에 동참할 수 있기
를 바라기 때문입니다."

세계가 격찬한 공연 '점프'의 연출 기획자

공연 전문 경영자 황 근 생

세계적인 수준의 공연을 무대에 세울 수 있는 공연전문가의 확실한 마케팅 전략이 없이는 대부분의 지방 '예술의 전당' 이나 '문화예술회관' 들은 시민들의 세금만 낭비하는 애물단지로 전락할 것입니다.

최근 '난타' 가 국내에서 최대 관객을 모은 후 전 세계 순회공연을 마치고 지금은 뉴욕 브로드웨이에서 장기공연을 하고 있다. 우리 군포시에도 무대공연과 이벤트 사업으로 국내는 물론 전 세계를 뛰어다니고 있는 공연과 이벤트 전문 경영자가 있다. 바로 (주)아트 포(ART FOUR) 황근생 대표이다.

2003년 그가 기획 연출하고 국내에서는 처음으로 군포문화예술회관에서 공연한 '점프' 가 전국을 무대로 인기리에 순회공연을 마친 후 그 여세를 몰아 전 세계의 유명한 연극과 뮤지컬이 한 자리에 모여 경연을 벌이는 영국 에딘버러의 공연축제에 참여했다. 결과는 그야말로 대박이었다. 그후, 여세를 몰아 미국 브로드웨이는 물론 일본 · 중국 · 유럽 · 동남아시아를 순회하면서 갈채와 환호를 얻어 내는 성공을 이루었다.

'점프' 는 신기에 가까운 날렵하고도 박진감 있는 율동과 태권도 액션의 시각효과와 다양한 음향효과, 우렁찬 기합소리에 드라마적 요소까지 가미되어 남녀

노소는 물론 외국인들도 언어와 관계없이 누구나 즐길 수 있게 만든 작품이다.

　이러한 '점프'의 성공적인 출발로 인해 9개 팀이 구성되고 5개 광역도시를 중심으로 전국적인 순회공연이 이어지고 있다. 그리고 2007년 부산 해운대 그랜드 호텔에 '점프'만을 위한 상설 공연장이 설치되었다. 문화와 문화예술공연이 인근 도시에 비하여 뒤쳐진 부산시가 도시 투어를 하는 외국관광객들이 밤에 즐길 수 있는 새로운 프로그램으로 '점프'를 선택한 것이다. 이로써 브로드웨이와 서울에 이어 '점프'만을 위한 세 번째 상설관이 생긴 것이다. 그것뿐 아니다. 지난 2007년도에는 서울 동숭동 대학로의 2개 극장에서 그가 연출 기획한 '휴먼 코메디' '짬뽕' '그때 별이 쏟아지다' 3개의 작품 모두 10개월 이상 장기간 무대 위에 올려졌다. 그는 이렇게 국내에서는 드문 공연전문가, 공연마케팅의 전문가를 대표하는 한 사람이다. 그래서 지난 4년간 군포문화예술회관 운영위원의 한 사람으로서 군포문화예술회관이 지역을 대표하는 브랜드로 성장하는데 일익(一翼)을 담당해왔다.

　"지금 지방자치단체장들이 수백억 원씩 예산을 써가며 경쟁적으로 대규모 공연장을 짓고 있지요. 건물은 수백억, 수천억 세계적인 규모로 지어 놓고는 중·고등학생 수준의 공연만을 하면서 일 년에 수십억 원의 적자를 감수하고 있는 경우가 대부분이지요. 세계적인 수준의 공연을 무대에 세울 수 있는 공연전문가의 확실한 마케팅 전략이 없이는 대부분의 지방 '예술의 전당'이나 '문화예술회관'들은 시민들의 세금만 낭비하는 애물단지로 전락할 것입니다."

문화사업인 공연예술도 비즈니스이다. 아무리 훌륭한 공연이나 전시라 할지라도 관객을 유치하지 못한다면 생존할 수 없다. 그래서 문화와 예술적인 안목은 물론, 이것을 사업적으로 접목시킬 줄 아는 마케팅전문가가 필요한 것이다. 공연사업은 영화사업과 같이 도박성이 많은 리스크가 큰 사업이다. 올바른 프로그램과 극장의 선정, 홍보전략, 매표방식 등 수많은 조직 관리와 함께 철저히 발로 뛰는 프로정신과 서비스정신 없이는 실패할 수밖에 없는 것이다.

황근생대표는 홍익대학교 경영학과를 졸업하고 대기업에서 다양한 실무 경험을 쌓은 후 1996년 서울 정동극장의 공연기획부장으로 입사해 무대공연 이벤트 사업을 직접 배우게 된다. 당시 전국에서 유일하게 획기적인 극장 경영으로 흑자를 내고 있었던 곳이다.

"정동극장은 무대 공연에 대한 기본 틀을 완전히 바꾸어 놓았지요. 과거처럼 무대 위의 공연자 중심이 아닌 관객이 가장 편리한 시간과 장소에서 편하게 관람할 수 있도록 분위기를 바꾸어 놓았어요. 또 일반 영화관처럼 일 년 내내 공연이 가능할 수 있도록 아이디어도 내었지요. 극장 안에 탁아소를 만들어 주부들을 위한 오전 공연과, 회사원들이 점심시간을 이용할 수 있는 공연, 세미

클래식과 팝을 연주하는 야외공연 등
으로 관객의 범위를 넓혀 나간 것이지
요. 학생들의 문화특화시간과 기업체
들의 회식모임을 위한 극장 내 뷔페식
파티와 공연과의 연계 등으로 정동극
장은 단숨에 적자경영에서 탈출하여
흑자경영을 할 수 있었던 것입니다."

황 대표는 '점프' 이외에도 어린이
들을 대상으로 하는 '어린이 큐빅스
대모험' '강부자의 오구' '수호천사
와의 문화여행' '열린음악회' 등 가족
과 함께 할 수 있는 친근한 공연을 계
속 올려왔다. 작년 12월 말 크리스마스 시즌 3일 동안 좌충우돌 죄수들의 박진
감 나는 탈옥기인 익스트림 댄스코메디 'BREAK OUT'을 무대에 선보여 연말의
들뜬 분위기와 함께 많은 군포시민들을 즐겁게 했다. 이렇게 좋은 공연들을 군
포문화예술회관을 통해 계속 선보인 것은 순전히 자신이 살고 있는 군포시의
모든 주민들을 보다 행복하게 하기 위함이라고 말한다.

신바람, 호기심, 스마일 박사

이학 박사 **황수관**

건강하게 오래 살고 싶다면 과식 · 과로 · 스트레스는 절대 금해야 하며, 잘 자고, 많이 움직이고(최고의 '비아그라'는 '운동'), 담배는 끊고 술은 절제하며, 목욕과 건강체크는 자주 하며, 남에게 많이 베푸는 삶을 살면 된다.

"13년 전 군포시 산본 12단지 목련아파트로 이사를 왔지요. 서울의 13평 좁은 아파트에서 5식구가 전세로 모여 살다가 이곳으로 오니 60평 아파트 거실이 마치 운동장 같이 넓어 보였습니다. 아이들이 흥분해 막 뛰어 다니던 모습을 보고 눈물을 흘렸던 일이 생생합니다. 군포시로 막 이사 오면서 매스컴을 타기 시작했으며 영화배우나 탤런트 못지않은 인기를 누리게 되었고 하루에 200개가 넘는 강연 요청으로 명예와 돈이 한꺼번에 몰려들게 되었지요. 군포시는 저와 이러한 특별한 인연이 있는 곳이지요."

황수관 박사는 '저출산 고령화 대책위원회' 공동대표로 군포시에 살고 있으면서 1남 2녀인 자녀들 모두 시집, 장가를 보내 손자 4명, 손녀 4명을 얻어 이제 모두 16명의 대가족을 갖게 됨을 큰 축복으로 여기고 있다. 군포시는 자신에게 부와 명예는 물론 행복한 대가족을 갖게 해 준 자랑스러운 제2의 고향이라는 것이다.

"걸으며 산책하는 것은 몸의 건강뿐 아니라 논문과 강연을 준비하는 저에게 최적의 환경을 제공해 주지요. 아침이면 수리산에 올라 맑은 공기와 푸른 자연이 펼쳐지는 오솔길을 산책하면서 늘 새로운 아이디어를 떠 올리곤 합니다."

어릴 때 부르던 동요 "산 위에서 부는 바람 시원한 바람, 그 바람은 좋은 바람, 고마운 바람……."을 혼자 부르며 오늘 하루도 신바람 나는 하루, 하나님께 감사드리는 하루가 될 수 있도록 마음속으로 기도드린다고 한다.

황수관 박사는 1945년 일본에서 태어나 해방되면서 부모의 고향인 경상북도 경주 안강에서 자라 안강농고를 거쳐 대구 교대를 나왔다. 교사시절 야간으로 대구대학과 경북대학교 교육대학원을 졸업했으며 경북 의대 연구원 과정을 마친 후 연세대학교 의과대학 생리학교수와 세브란스 건강증진센터 부소장으로 일했다.

1997년초 '신바람건강 TV강의'가 전 국민들에게 알려진 후 '호기심 천국' 등 청소년과 유치원생·노인·주부들을 위한 프로들 뿐만 아니라 젊은 인기연예인들과 함께 명랑과 재치로 MC를 보는 최고의 스타가 되었다. 그래서 이학박사

학위를 받은 학자의 이미지보다 우리에게는 스마일박사·신바람박사·호기심 박사로 더 알려져 있다. 지금도 연세의대 외래교수로 후진 양성에 힘쓰고 있고 방송출연과 국내외를 다니며 왕성한 강연 활동을 하면서 '웃음의 전도사' 몫을 다하고 있다.

황 박사는 우리 군포시가 자랑하는 월드컵 축구 스타인 이영표 선수와의 끈 끈한 인연을 소개했다. "제가 월드컵 축구 자문위원이었기에 항상 상암경기장 의 로얄박스에서 저명인사들과 함께 관전을 할 수 있었지요. 이렇게 분에 넘친 영광을 축구 때문에 가슴 아프고 소외된 사람을 찾아 도와 줄 것을 생각해 보았 어요. 마침 주전선수이던 이영표선수가 다리 부상으로 폴란드와 미국 전에 출 전하지 못했던 사실과 부모님이 군포시에서 살고 있다는 것을 알게 되어 돈 5천 만 원을 들고 집을 찾아 갔지요. 마침 임대아파트의 좁은 방에서 모든 식구들과 함께 이영표선수의 대형사진을 앞에 놓은 채 TV로 '포르투갈' 과의 월드컵 8강 전 시합을 보고 있었어요."

이 날 부상에서 회복해 오랜만에 출전한 이영표 선수의 도움으로 박지성 선 수가 골을 넣는 바람에 8강에 진출할 수 있었다. 승리의 감격으로 황수관 박사 도 가족들과 함께 붉은악마 유니폼을 입은 채 횃불을 손에 들고 군포시청 앞마 당으로 달려갔고 목이 터져라 '대한민국' 을 외치며 시민들과 함께 행진했던 추억이었다.

"인기 스타·인기 강연가가 되기 이전 저의 인생은 항상 13평짜리 전세아파트 인생이었지요. 군포에 오기 전까지 전세금이 모자라 평균 일 년에 한 번 씩 모두 20번을 이사 다녀야 했어요. 아내와 결혼한 신혼 때에도 어린 2명의 동생과 함께 단칸방에서 살아야 했지요. 우리 가족 5명이 13평 아파트에서 거울 달린 장롱 때문에 더욱 좁게 살아야 했던 어려운 시절들을 돌이켜보면 지금은 모든 것이 너무나 행복하고 감사한 일들뿐이에요."

그 시절 학교까지 자동차 없이 늘 걸어 다녔기에 다리가 튼튼하고 건강하다는 이러한 긍정적인 사고로 지금까지 살고 있다고 했다.

"연세대학교 출신도 아니고 외국유학으로 학위를 받지도 않았는데 성실한 크리스챤이란 사실 하나 만으로 추천을 받아 연세대학교에 몸담게 된 것은 정말 저에게 큰 영광이었어요. 다른 동료들보다 몇 배 더 일을 해 이 고마움을 보답해 드리고 싶었지요."

자신의 좁은 사무실에 운동기계를 들여놓고 환자들의 운동기록을 컴퓨터에 넣어 프로그램 진단과 이에 대한 처방을 내려주면 모두들 신기해 하며 놀라워 했다. 당시만 해도 이러한 시설을 갖춘 병원이 없었기에 금방 주변에 소문이 나 환자들로 넘쳐나게 되었다. 6개월 만에 이 사무실에서만 일억 원의 수익을 내면서 병원 측은 새로이 10배나 큰 면적의 사무실로 늘리고 독일에서 수입한 최신식 기자재를 들여 놓아 외국인들도 감탄하는 규모로 발전하게 되었다. 이러한 공로를 인정받아 서울역 앞 세브란스 건강종합진단센터 부소장이 되었고 스포츠크리닉원장이 되는 초고속 승진을 했다. 이때 『신바람 건강법』이란 책을 펴내 베스트셀러가 되고 이후부터 유명세를 타게 된다.

세브란스 병원 설립 100주년을 맞아 새로운 병동을 건립에 필요한 예산 2천억 원 모금운동을 벌이기로 하자 연대 졸업생도 아닌 그가 선뜻 2억 원이란 거액을

기중하겠다는 발표를 해버렸다. 당시만 해도 13평의 전세아파트에서 5명의 가족이 함께 살던 때라 아내는 눈물을 흘리며 남편의 마음을 돌려보려고 애를 썼다. 그러나 퇴직금을 가불해서라도 기증액은 채우고야 말겠다는 그의 결심을 바꿀 수 없었다. 얼마 후 그가 인기 스타가 되자 서울우유에서 CF모델을 하자는 첫 요청이 들어오게 되었고 2억 원이란 거액의 광고료를 받게 되었다.

그는 항상 남을 사랑하고 남에게 베풀면 행복감에 넘쳐 뇌에서 옥시토닌·세모토닌·베타 엔돌핀 등이 철철 넘쳐 흘러나와 죽을병도 낳는다고 말한다. 미국의 재벌 '록펠러'는 53세에 세계 최고의 갑부가 되었다. 그런데 그가 암에 걸려 1년 밖에 살 수 없다는 의사로부터의 사형선고를 받게 된다. 일체 관련 사업에서 손을 떼는 대신 오로지 가난한 학생들과 불우한 이웃을 돕기 위한 교육재단과 자선단체를 설립하는데 몰두하다 보니 45년이 흘러 98세까지 장수하게 되었다고 한다.

건강하게 오래 살고 싶다면 과식·과로·스트레스는 절대 금해야 하며, 잘 자고, 많이 움직이고(최고의 '비아그라'는 '운동'), 담배는 끊고 술은 절제하며, 목욕과 건강체크는 자주 하며, 남에게 많이 베푸는 삶을 살면 된다는 것이 황수관 박사의 지론이다.

"평생 20번 넘게 이사 다니다 이곳 군포에 와서 13년 째 정착해 살고 있는 것을 보면 고향을 떠난지 40여 년 만에 제2의 새로운 고향을 발견한 편안한 느낌이지요. 군포시민들과 함께 그리고 수리산과 함께 군포시를 위해 도움이 될 수 있는 어떠한 일이라도 앞장서도록 하겠습니다. 김윤주 전 시장님 시절 자전거 10대를 군포시에 기증한 것이 생각나네요. 시민축제 때도 여러분들을 뵈웠던 기억이 있고요. 군포시민들께서 저를 불러 주신다면 만사 제쳐 놓고 여러분들을 찾아뵙도록 하겠습니다. 감사합니다.”

그는 군포시에 스마일박물관을 세우고 싶어 한다. 슬프고 가슴 아픈 고통 속에 빠져 있는 사람들이 들어 와 모든 것을 다 털어 버리고 빙그레 웃으며 나갈 수 있는 웃음의 박물관 말이다.

황수관 박사의 염원대로 웃음의 꽃이 군포시를 중심으로 전국으로 펼쳐 나가 군포시가 ‘스마일 도시’ ‘행복의 도시’ ‘건강의 도시’ 라는 도시 브랜드로 새롭게 알려졌으면 좋겠다.

김인수의
My Life, My Story

미국 LA지사에서 일한지 5년 만에 미국 전역에 흩어져 있는 400여 개의 교포 마켓과 서점 등을 통해 매월 〈주부생활〉을 1만 부씩 판매하게 되었습니다. 이에 자신을 얻어 150만 미주 교포를 위한 코리안 피플(KOREAN PEOPLE)이라는 월간지를 발간하게 되었지요. 이 잡지의 메인타이틀로 설정된 '미국속의 한인들' 이란 기사를 쓰기 위해 저는 1,000명 이상의 한인 교포들이 살고 있다는 30개 이상의 미국 내 중소도시들을 매월 한 군데씩 방문했습니다. 영업활동은 물론 이곳에 살고 있는 미주 교포들의 생생한 삶의 현장을 취재했습니다.

그리고 본사편집부를 위해, 미국을 방문한 국내 유명인이나 스캔들을 피해 미국에 들어와 살고 있는 한국 인기 연예인들의 삶을 추적하기도 했습니다. 미국에서 만나 취재를 할 수 있었던 분들 중에는 바이올린 연주가 정경화, 개그맨 자니 윤, 시인 서정주, 영화배우 홍세미와 장미희 · 나오미, 가수 이장희 · 이용 · 민해경, 패션모델 김동수 · 유혜영 등의 한국인들로 시작해서 캘리포니아 브라운 주지사, 흑인 LA시장 브래들리, 미국 부통령 먼데일 등 미국 유명 정치인들도 있었습니다.

이러한 만남들로 유명해지자 LA흑인폭동을 미국전역 한인사회로 현장 생중계했던 방송국 '라디오코리아'의 요청으로 <일요응접실>이란 인터뷰 전문 프로그램의 진행을 맡게 되었지요. 매주일요일 정오시간이 었는데 2년간의 진행을 통해 많은 사람들을 만나고 배울 수 있었습니다.

귀국한 이후에도 군포신문을 통해 인터뷰를 계속하게 되었습니다. 이렇게 해서 제가 그 동안 만나 인터뷰를 했던 인물들을 추산해 보니 천여 명이 넘는 것 같습니다. 이렇게 많은 사람들과의 인터뷰 사진이나 기사가 일일이 보관되지 못해 무척 안타까운 심정이었습니다. 그래서 마지막으로 저만의 기록을 남기기 위해 이 책의 출판을 기획했으며 제 삶에 가장 지대한 영향을 끼쳤던 4가지 이야기들을 책 뒷부분에 실게 된 것입니다. 이 글을 읽는 모든 독자 분들의 삶에 조그마한 의미가 되었으면 하는 것이 저의 진솔한 바램입니다.

인터뷰를 마치고
영화배우 장미희(가운데),
철학교수 김형석과 함께

인터뷰를 마치고
코미디언 쟈니 윤(좌측),
영화배우 최지희와 함께

인터뷰를 마치고
탤런트 최수종(좌측),
오지명과 함께

인터뷰를 마치고
가수 양희은과 함께

인터뷰를 마치고
배우 최은희과 함께

미국 LA에서
'한인의 날' 기념식에 참여해
퍼레이드를 하고 있는
〈주부생활〉 행사팀

군포시 대야미동, 제2의 고향

— 작년 11월 28일로 나는 회갑을 맞이했다. 지금까지의 삶, 모두가 나에게 축복이었다. 앞으로도 군포시에서 살아갈 모든 주민들과도 아름다운 축복을 풍성하게 나눌 수 있었으면 좋겠다.

나는 군포 지역에서 태어난 원주민이 아니다. 이 지역에 살기 시작한 것은 34년전인 1975년 이른 봄부터다. 서울 한복판인 종로구에서 태어나 26살이 될 때까지 서울에서만 살아 왔기에 농촌이나 농사에 대해 전혀 모르는 그야말로 '서울 촌뜨기' 였다. 나의 두 형님들은 부친(김익달, 학원사 대표)의 사업인 '주부생활사' 와 '학원인쇄소' 를 물려받아 출판업에 종사했다. 하지만 나는 3살 때 앓은 소아마비로 몸이 약해 맑은 공기와 푸른 자연환경 속에서 살면 건강해질 수 있다는 부친의 생각 때문에 지금의 대야미동으로 오게 된 것이다. 벼와 보리, 사과나무와 배나무, 고추 잎사귀와 고구마 덩굴도 구별하지 못했던 내가 1971년 건국대학 농과대학 원예학과를 졸업하고 일본 오오사까에 있는 긴끼(近畿)대학 농과대학에서 2년간 조경학을 공부했다. 일본유학을 마친 후 서울 여의도 시범아파트에서 3년간 살다가 결혼과 함께 1974년 이른 봄, 경기도화성군 대야미리(지금의 군포시 대야미동)에 터를 잡았다.

'농촌이 잘 살아야 국가가 잘 산다.' 는 박정희 전 대통령과 똑 같은 신념을 가졌던 부친은 셋째 아들인 나를 농과대학을 보내고 다시 일본 유학까지 시켜 대야미 소재 '밀알농장' 의 운영을 맡긴 것이다. 부친은 〈학원〉 〈여원〉 〈주부생활〉 〈진학〉 등 국내 유수의 잡지들을 창간했으며 국내 최초로 대백과사전을

발간한 대한민국 출판계의 선구자였다. 1964년에는 농촌잡지인 〈농원〉을 발간하면서 국민훈장 동백장과 서울시 문화상 등 국가로부터 수많은 공로상을 받으셨다. 따라서 새마을운동 지도자를 양성하며 전국적으로 알려졌던 김용기 장로의 '가나안 농장' 과 같은 시범농장을 본인이 직접 만들기 원하셨다. 임야가 1만 평, 논이 3천 평, 밭이 3천 평 모두 1만 6천 평 규모의 땅을 구입하여 110평 규모의 우사와 싸일로, 3채의 농가를 한꺼번에 건축했다. 낙농담당, 원예담당 그리고 농사담당 3명의 전문 관리인을 채용하고 대규모 초지를 조성하고 정부로부터 융자를 받아 젖소 20마리를 구입했다. 또한 약 3만 그루의 정원수 묘목을 심기 위해 매일 10명 이상의 일꾼들을 고용한 기업농의 면모를 갖추고 밀알농장은 출범했다.

이 당시만 해도 우유를 짜는 젖소 한 마리가 2~3백만 원을 호가하는 황금알을 낳는 오리와 같은 존재였다. 매일 2~300Kg 정도의 우유를 착유해 해태유업에 납품했다. 옥수수나 콩·목초 등을 7천 평이 넘는 면적에 직접 재배했으며 착유기를 사용하고 2천 평 규모의 방목장을 갖춘 기업낙농 형태로 주변의 소규모 낙농인들로 부터 많은 부러움을 샀다.

나는 이곳에서 신혼살림을 시작했고 큰 딸아이도 이곳에서 낳고 키웠다. 서울 여의도 시범아파트에서 대야미로 이사하기 직전 아내와 심한 부부싸움을 했다. 농촌에서 갓 태어난 첫 아이를 키워야 한다는 사실을 받아들일 수 없었던 아내의 반대는 이혼을 감수해야 할 만큼 심각했다. 시장을 보려면 아이를 등에 업고 안양역전까지 시외버스를 타고 가야하는데, 버스도 한 시간에 한 대 꼴이었으며 포장이 안 된 신작로를 먼지를 풀풀 날리며 달려야 하는 시골길이었다. 도시에서 누릴 수 있는 쇼핑과 문화적·교육적 혜택이 없음은 물론, 대야미 마을과도 떨어져 있어 처음에는 무서움을 느낄 정도로 외롭고 한적한 산속의 농가주택이었다. 다행히 1975년에 국내에서 처음으로 만들어진 전철1호

선이 군포역과 연계되어 서울 영등포는 30분, 시청 앞까지 50분이면 왕복할 수 있어 서울을 다녀 올 수 있는 기회가 많아 졌다. 어쩌다 전철 막차를 놓치고 통행금지에 막혀 돌아오지 못해 어쩔 수 없이 외박이 되어 버리는 날엔 아내가 단단히 화가 나곤 했다. 야단을 피하기 위해 영등포역까지 택시를 타고 와 총알택시를 바꾸어 탄 후, 군포 구사거리에서 내려 대야미 까지 한밤중에 2시간 반을 걸어 새벽 2시가 넘어 집에 온 적도 있었다.

주말이 되어 일가친척들이 자동차를 타고 몰려와 하루 종일 놀다가 저녁 때 서울로 돌아 갈 때면 아내는 눈물을 보이며 서울로 다시 이사하자고 졸라대곤 했다. 세월이 흐르면서 다량으로 식재한 정원수 묘목들이 점차 크게 자라나기 시작했다. 특히 봄에 활짝 핀 목련나무와 벚나무·모과나무·장미꽃들이 온 동산을 뒤 덮을 때면, 농장을 지나가는 버스 승객들은 환성을 올리며 저 동산에서 사는 사람은 정말 행복할 것이라며 부러워했다. 뿐만 아니다. 보름달이 하늘 한가운데 떠오르는 밤이면 산책로의 좁은 숲속길이 다 보일 정도로 온 세상이 하얗게 빛났다.

대야미리(大夜味里)는 어느새 우리에게 밤의 정취를 가장 감미롭게 맛볼 수 있는 아름답고도 소중한 농촌 마을이 되었다. 그러나 이러한 행복감은 도시화 되고 아파트 단지가 들어선 지금의 대야미동(洞)에서는 누릴 수 없는 지나가버 린 추억이 되어 아쉽다.

다행히 우리 큰 딸 지윤은 맑은 공기와 푸르른 대자연과 함께 아주 건강하게 자라나 성인이 된 지금도 누구보다도 건강한 육체와 정신력을 소유하고 있다. 이른 아침, 꿩들이 짝 짓기 하느라 시끄럽게 울어대고 다람쥐는 물론 족제비까 지 부엌으로 먹을 것을 찾아 들어 오곤 했다. 무엇보다 대야미 지역에는 어디 나 독을 가진 뱀이 많아 농사짓다 하루에도 두세 차례 뱀을 보게 되는데 이것 은 대야미 주민들의 좋은 몸보신 거리가 되었다. 뱀을 술에 담가 먹거나 탕을 해먹는 것으로 알았는데 껍질을 벗겨 석쇠에 구워 먹는 것을 보고 놀라기도 했 다. 언젠가는 아내가 아침에 문을 열고 나가다가 문지방 기둥 위에 몸을 칭칭 감고 있는 굵은 능구렁이를 보고 기절한 적도 있었다.

1970년 초 대야미리(里)는 일백여 가구의 초가집으로 이루어진 작은 농촌 마 을로 대부분 논농사를 지었으며 부업으로 자급자족을 위한 밭농사를 짓는 농 민들이었다. 밀알농장이 낙농 전문경영을 하자 이곳에서 일하면서 젖소 관리 에 대한 지식을 쌓게 된 대야미 주민들은 정부 융자를 얻어 젖소를 한두 마리 씩 구입해 독립적으로 낙농을 시작했으며 점차 그 규모를 키워, 한 때는 젖소 를 키우는 대야미리 농가가 20여 가구를 넘기기도 했다.

지금 대야미동에 거주하고 있는 50대 이상의 중년 노인층의 원주민 대부분 은 밀알농장에서 일한 경험이 있다. 약 6,000평의 임야를 목장 용지로 개발해 옥수수를 대단위로 심고 늦은 여름 30여명의 주민들이 함께 모여 옥수수를 낫 으로 베고 이것을 경운기 모터를 이용한 대형 커터로 잘라냈다. 벨트를 이용해 싸이로에 넣고 서너 명씩 어둡고 습기 찬 엔시레지로 들어가 발로 꼭꼭 밟아

공기를 차단시키는 작업은 연례행사였다. 마치 대야미 온 동네사람들이 한데 모여 축제를 벌이는 것처럼 밤을 새우고, 막걸리와 빵으로 끼니를 때우면서 남녀가 하나가 되어 소리를 하며 작업을 하던 그 시절을 아직도 잊지 못하고 있다.

1976년 안산에 대규모 공단이 설립된다는 계획이 발표되자 농지 한 평에 3~4천 원 하던 땅 값이 하룻밤 사이에 10배가 올라 3만 원을 호가하는 부동산 붐이 일어났다. 그러나 정부는 땅값의 폭등을 막기 위해 보름 후 대야미와 안산 주변 전역을 그린벨트로 묶어 버렸다. 부동산 값은 다시 원점으로 폭락했으며 오히려 거래조차 완전히 끊어져버려 이곳 주민들에게는 더욱 힘든 상태가 되어 버렸다.

나는 대야미에서 몇십 년을 살면서도 속달동을 거쳐 경치 좋은 갈치저수지 주변에 이어 수리사로 오르는 길을 거의 가본 기억이 없었다. 당시에는 버스가 없어 경운기를 타고 가거나 걸어서 가야 했기 때문이다. 2시간에 한 대 정도 있는 납닥골까지 가는 마을버스가 생긴 것도 1995년 이후인 것으로 기억한다.

자동차를 마련한 이후부터 나는 시간이 있을 때마다 아내와 함께 갈치저수지까지 차를 운전한 후 그곳에서 수리사까지 걸어서 왕복하는 약 3시간 정도의 산책을 즐겼다. 봄 안개 낀 갈치 저수지, 새파랗게 자라난 보리밭 뒤로 목장에서 풀 뜯는 젖소들의 한가로운 모습들, 늦은 가을 도로 양편으로 노랗게 익어 고개 숙인 벼들이 수확을 기다리고 있는 풍경들은 무척 평화로웠다. 길 가 양편으로 흐르는 작은 개천은 맹꽁이가 알을 낳는 서식지였다. 수리사로 올라가는 길 양쪽 개천은 장마철이 되면 큰 물줄기들을 쏟아내는 작은 폭포로 변했다. 이 아름다운 천연의 계곡 길도 이제는 콘크리트 포장이 되어 예전의 자연스런 아름다움을 잃어 버렸다. 주말이면 수리사로 올라가는 수많은 자동차들이 내뿜는 매연과 잡음으로 한적하게 걸어 올라가는 등산객들을 괴롭힌다.

수리사 역시 지금은 크고 화려하게 개축이 되어 옛 모습을 다 잃었지만, 십여 년 전까지만 해도 사람들의 발길이 뜸한 암자 같이 작은 절이었다. 꺼멓게 탄 사찰의 나무기둥과 대웅전 지붕 위 낡은 기와장 사이를 비집고 삐죽삐죽 말라 빠진 건초들은 옛 신라의 정취를 풍기는 고색창연함과 운치가 있었다. 멀리 바라보면 겹겹이 둘러 싼 수리산 구릉이 서로 마주쳐 이룬 계곡이 장관이었다. 맑은 공기와 푸른 삼림의 틈새로 펼쳐지는 산들의 장엄한 기(氣)를 한껏 받아들여 더욱 건강해진 느낌으로 산을 내려오곤 하였다.

1990년 이후 산본 신도시가 생겨나고 대야미리도 군포시로 편입되어 대야미동으로 바뀌었다. 어느 덧 초가집들이 다 없어지고 크고 작은 아파트단지들로 변모하기 시작했다. 이제 대야미동에서는 논이랑을 갈던 황소의 목에 매달려 울리던 워낭소리도 더 이상 들을 수 없다. 그 많던 논들도, 목장들도 대부분 사라지고 지금은 자급자족을 위해 짓는 채소농사나 정원수 재배를 위한 밭들만 군데군데 남아 있을 뿐이다.

이런 개발로 인한 부동산 값의 상승으로 대야미지역은 더 이상 과거 농촌마을의 정취를 간직하기 어렵게 되었다. 그러나 아직도 수리산 주변의 삼림과 반월호수, 갈치호수, 그리고 문화재인 수리사에 이르기까지 우리가 앞으로 꼭 보존하고 가꾸어야 할 아름다운 환경자산들이 너무도 많다.

내 손으로 직접 만들어 운영해 온 밀알농장도 일손 구하기가 힘들어지고 땅과 하천 오염방지법이 강화되면서 수익성이 적어져 낙농을 포기할 수밖에 없었다. 1997년 향나무 · 벚나무 · 느티나무 · 밤나무 군락 등 주변의 수려한 자연경관을 이용해 가든 식당인 '향나무집'을 오픈해 6년간 직접 운영했으나, 지금은 몇 년 전 임대해 준 '온누리 장작구이' 가든 식당이 성업 중이다. 농장운영은 그만뒀지만 그동안 가꾸어 온 각종 정원수와 꽃나무 등이 활짝 피는 계절에는 군포시민들 뿐만 아니라 안양 · 수원 · 안산에서도 한번쯤 찾아와 구경하는 군포시의 명소가 되었다. 나의 땀방울이 깃든 터전에서 이제는 나무들이 그 주인노릇을 하고 있는 것이다.

나의 결혼생활도 밀알농장에서의 삶과 함께 35년이 흘렀다. 작년 11월 28일로 나는 회갑을 맞이했다. 지금까지의 삶, 모두가 나에게 축복이었다. 앞으로도 군포시에서 살아갈 모든 주민들과도 아름다운 축복을 풍성하게 나눌 수 있었으면 좋겠다. 군포시는 나에게 제 2의 고향이다.

세 번째 눈물

— 아버지와 함께 세 번의 눈물을 흘린 적이 있다. 나는 이 세상에서 아버지를 제일 존경하며 살아 왔다. 나에게 생명을 주신 것 뿐 만 아니라 내 삶의 좌표가 되어 주셨다.

1985년 11월 1일 아침 9시, 지난 7년 동안 언제나 그래왔듯 미국 캘리포니아 LA 한인 타운 중심가인 '8번가' 와 '놀만디 애비뉴' 에 있는 사무실에 출근했다. 이날은 여느 날들과는 달리 책상에 앉자마자 전화 벨이 울렸다. 서울 본사 사장인 큰 형님의 목소리였다.

"오늘 아침에 아버님이 운명하셨어. 준비해라, 3일장을 할 예정이니 가능한 빨리 귀국해야 할 거야."

아니, 사흘 전 전화로 이제 많이 회복하셨으니 염려 말라던 통화 내용과는 전혀 다른 청천병력과 같은 충격적인 말이었다. 불과 2, 3분간의 짧은 이 통화가 내 주변의 모든 정황들을 순간적으로 정지시켜버렸다. 나는 잠시 슬프다는 사실보다도 무엇을 어떻게 행동하고 말을 해야 할 지 아무것도 모르는 무의식 상태에 빠졌다. 갑자기 온 몸에 힘이 빠지면서 눈물이 주체할 수 없이 쏟아져 내리기 시작했고, 그 순간 지금까지 아버지와 함께 지낸 날들이 마치 주마등같이 내 머릿속을 스쳐 지나가기 시작하는 것이다.

내 아버지, 내가 가장 존경하고 사랑하면서도 가까이 하기 가장 어렵고 두려웠었던 분, 그랬기에 지금까지 매 순간마다 오직 그분을 의식하고 살아왔는지 모른다. 초등학교조차 제대로 마치지 못했으면서 수백 명의 명문대학 졸업자들을 거느리며 우리 사회에서 가장 존경받는 문화인이자 사회사업가로 추앙받

으며 살아왔다. 그래서 지금까지 〈학원〉잡지를 읽고 자란 50~70대 세대 모두를 '학원세대' 라 불렀으며 이들로부터 한 알의 밀알과 같은 분이라는 존경을 받아왔다.

그러나 나는 어린 시절 절대로 아버지처럼 살지 않겠다고 생각한 적이 있었다. 정말 가난하고 힘들었던 시절, 그는 한없이 연약한 분이었으나 강하게 살아 갈 수밖에 없었던 내면적 고통과 이에 따른 가족들의 어려움을 가까이에서 너무나 분명하게 보아왔기 때문이다.

운명하시기 삼 개월 전, 나는 LA에서 귀국해 아버지를 만났다. 이미 평소 65kg 내외였던 몸무게가 29kg으로 줄어든 위암 말기 최악의 상태였다. 의사들도 이미 2~3개월을 넘기지 못하리라는 진단을 내렸다. 발전한 현대의학으로도 치료할 수 없다는 말에 아버지는 일본으로 가 말기암 환자를 위한 요양소에서 치료 받기를 원했다.

1960년대 일본 최고의 베스트셀러 『빙점』의 작가인 '미우라 아야꼬' 가 직장암에 걸려 사형선고를 받았지만 그 요양소에서 식이요법과 물리치료로 수명을 20년이나 연장할 수 있었다. 아버지의 염원에도 불구하고 이미 지나치게 허약

학원 창간호 표지(1952년 11월)

해 음식물도 제대로 섭취할 수 없는 상태로 해외여행을 할 수 없다는 의사들의 권고가 있었다. 그러나 형님들과 주위 모든 분들이 아버지의 너무나 간절한 바람을 외면할 수 없어 난감해 하고 있었다. 그러나 나는 지난 일 년 간 위암으로 투병 중이었던 아버지에게 아무것도 해드린 것이 없었기에 모두의 반대를 무릅쓰고 일본으로 모시고 가겠다고 끝까지 주장했다.

70년대 중반 나는 그 요양소와 불과 십 분 거리에 떨어져 있는 일본 오오사까(大坂) 깅끼(近畿)대학에서 2년간 유학생활을 보낸 경험이 있었기에 내가 적임자라고 자청했다.

두 사람이 비행기를 타고 바다를 건너는 어려운 과정 끝에 일본 요양소의 한 병실에서 아버지와 닷새를 기거하게 되었다. 지난 40년간 몸 바쳐 일해 온 출판 사업에 대한 열정을 토로하시는 아버지를 간병하며 지금까지 살아 온 두 사람만의 마지막 대화가 이어졌다.

"네가 어렸을 때 형제들 가운데 너를 가장 많이 염려했었다. 네가 3살이 되던 해 6·25전쟁이 터지고 피난 중 미군기의 폭격으로 주변이 불바다가 되었지. 너는 굉음과 진동의 충격으로 인해 온몸이 마비되어 식물인간 상태가 1년이나 계속되었어. 병원도 없고 의사도 없는 전쟁 통에서도 기적적으로 살아 날 수 있었지 그렇지만 이후부터 앓기 시작한 소아마비로 네 몸이 불구가 되어 버린 거란다."

그렇다. 나는 의식이 생긴 후부터 항상 내 자신이 불구의 몸이라는 자기비하

288

로 주위와 단절해 버리고 나 자신 안에서만 살아 왔다. 학교에서 국어책 몇 줄을 제대로 못 읽고 주저앉아 버렸으며 어린 나이에 벌써 불면증과 대인공포증으로 시달리고, 학교 가기를 죽기보다 싫어했었다. 정말 우리 6남매 중에서 내가 부모님께 가장 많은 걱정을 끼쳐 드렸다.

"네가 결혼하고 미국 LA로 건너가 서점을 운영하고 미주교포들을 위해 월간지 〈KOREAN PEOPLE〉를 발행할때 쓴 지난 6년간의 글들을 통해 모든 것을 알게 되었지. 네가 누구 못지않은 사회인으로 성장했다는 사실을 알고 정말 흐뭇했단다. 처음부터 너에게 출판을 가르치지 않은 것이 후회되었지. 그리고 내가 직접 LA에 갔을 때 네가 일하는 모습과 너의 두 아이들이 훌륭하게 자라고 있는 모습을 보고 마음 속으로 흐뭇했다. 이번에 네가 나와 함께 이곳 요양소에 와준 것은 눈을 감은 이후에도 결코 잊지 못 할 거야."

말씀하시는 동안 앙상한 뼈만 남은 두 손으로 내 손을 잡고 우셨다. 나도 함께 눈물을 쏟았다.

"그래요. 아버님 저는 변했습니다. 정말 혼자 일어서려고 최선을 다해 살았어요. 그것이 모두 아버님이 원하셨던 것이 아니었습니까? 정말 아버님의 저에 대한 염려와 뒷바라지 때문에 홀로 설 수 있었어요. 이젠 두 아이와 아내를 가진 한 가정의 가장으로 정말 당당하게 열심히 살아가고 있어요."

그때 우리 부자가 함께 흘린 눈물이 처음은 아니었다. 바로 14년 전, 이 곳 오사카(大阪)에서의 유학시절 노동자 합숙소와 같이 햇볕도 들지 않는 나의 협소한 자취방으로 아버지가 찾아 오셨다. 그리고 내가 끓인 김치찌개와 함께, 비행기에서 사 온 양주 한 병을 두 부자가 비우면서 밤새 이야기를 나누었다.

"그래 나도 정말 한국에서 둘째가라면 서러워 할 정도로 고생을 많이 했었지. 너무 가난해 너의 고모를 기방(妓房)에 팔아넘기겠다는 네 할아버지 말을 듣고 14살 어린 나이에 집을 뛰쳐나와 시장바닥을 전전하고 살았지. 17살 때

밀항선을 타고 일본 동경으로 와서 그곳 인쇄소 직공으로 일을 했어. 조선인 불법체류자들이 다다미 8칸 방에 8명이 함께 기거하는 곳에서 숙식을 해결하며 하루 16시간씩 일해 벌어 모은 돈을 집으로 부쳐 드렸지. 겪은 고생은 이루 말할 수 없었지만, 그때는 일본 식민지 시절 나라 없는 백성들의 고생이었지만 너까지 이렇게 고생하라고 가르쳤던 것은 아니야. 시대가 바뀌었잖아? 너는 내 아들이잖아? 대한민국 제일의 출판사인 '학원사' 사장 아들인데 말이야. 너희들에게 사람은 고생을 해 봐야 참 인간이 될 수 있다고 늘 말해 왔지만 네가 이렇게까지 고생하며 살고 있을 줄 정말 몰랐다."

아버지는 내가 초등학교 시절 일요일이 되면 걸음걸이조차 시원치 않은 나를 세검정 버스 종점에서 북한산 정상까지 걸어서 돌아오는 하루 7시간의 강행군을 시켰다. 주중에는 소아마비로 인해 약해진 왼쪽 다리로만 하루에 천 번씩 뜀뛰기를 하라고 엄명하였으며 바짝 마른 몸매가 부끄러워 죽어도 옷 벗기 싫어했던 나를 수영장에 데려가 억지로 수영을 하게 했다. 그런 아버지가 무서워 나는 아버지가 퇴근하는 시간이 되면 내 방에서 나오려 하지 않았다. 그 날 했던 운동량을 반드시 체크하셨기 때문이다.

나는 쏟아지는 눈물을 참을 수 없었다. 늘 하시던 말씀 온실 안의 화초가 되지 마라. 검소해라. 고생을 해야 인간이 된다. 돈 보다는 먼저 인간이 되라. 귀에 못이 박히도록 우리 형제들에게 말씀하시지 않았던가. 그런데 이제는 그렇게까지 할 필요가 없다고 말씀하신다. 홀로 서서 한 사람 몫을 다 할 수 있는 성인으로 마침내 내가 아버지로부터 인정받은 것이다. 그날 아버지와 나는 밤새 술에 취하고 옛 생각에 취하고 함께 나누는 대화에 취했다.

서로의 마음이 하나가 되는 대화를 처음으로 나눈 순간이었다. 우리 부자(父子)는 서로의 하나가 되고 화합을 이룰 수 있는 눈물의 대화를 나누었다.

5일 간의 일본 요양소의 진료 결과도 너무 늦었다는 비관적인 답변 밖에는

1970년 새싹회 방정환 〈소파상〉을 수여 받다

없었다. 이미 음식을 소화할 수 없는 상태라 식이요법도 불가능하고 몸에 근육이 없어 물리치료도 받을 수 없는 상태라는 것이다. 그러나 아버지는 마지막까지 한시도 생을 포기한 적이 없었다. 앞으로 만들어야 할 책들에 대한 기획과 편집·광고·배본에 이르기까지 너무나 구체적으로 그의 머릿속에 가득 차 있었기 때문이다. 이러한 아버지의 의지와 신념에 불타는 모습을 대할 때마다 죽음도 그를 정복하지 못할 거라는 막연한 희망을 갖고 다시 내 일터가 있는 미국으로 돌아왔다.

1985년 11월 3일 LA에서 밤 12시 비행기를 탄 나를 위해 새벽 5시 김포공항에 마중 나온 사람은 20년 가까이 아버지를 모시고 일해 온 운전기사 한 사람뿐이었다. 나는 그에게 운전을 배웠다. 어릴 적부터 동네 아저씨처럼 가깝게 지내온 그였기에 운전까지 배울 수 있었다. 그러나 이른 새벽 올림픽 대로를 따라 내려오는 긴 시간 동안에도 우리 두 사람은 아무 말도 나눌 수 없었다.

방배동 형님 자택에 안치된 아버지의 영전에서 나의 두 다리에 남아 있던 마지막 힘이 빠져 버려 힘없이 쓰러지고 말았다.

'아버지 셋째가 돌아왔어요. 그토록 걱정하고 염려하시던 셋째가……. 제 앞에서 두 번이나 눈물을 보이셨잖아요. 대견하다고요. 지금 셋째가 아버님 앞에서 눈물을 흘리고 있어요. 그러나 이 세 번째 흘리는 눈물은 아버님과 함께 손을 잡고 우는 감격의 눈물이 아니라 아버님을 마지막으로 보내드려야 하는 혼자만의 외롭고 슬픈 눈물일 수밖에 없습니다.'

학원장학회 회관 준공식 행사 테이프 커팅 장면(上)과
관련 신문기사

평생 동안 지켜 온 자신의 집념과 사업에 대한 열정도, 평소에 자신이 늘 자랑하던 건강에 대한 자신감도 죽음 앞에서는 모두 접을 수밖에 없는 것일까? 그러나 아버지의 죽음은 이후 나 자신에게 새로운 삶의 좌표를 제시해 준 중요한 전환점이 되었다. 그동안 나는 아버지만 바라보고 의식하며 아버지처럼 살아가는 것이 삶의 목표였다.

그러나 이 순간 아버지의 죽음 통해 앞으로는 아버지가 아닌 내 자신의 삶을 살아가야 한다는 사실을 깨달았다. 지금까지 살아 온 큰 나무 그늘 밑에서 벗어나, 작지만 나만의 뿌리를 내리고 가지를 치고 열매를 맺는 것이 앞으로 내 삶의 좌표이다.

나는 두 아이를 미국에서 키우는 동안 늘 할아버지의 이야기를 해주며 최선을 다하는 삶, 나 자신보다 어려운 이웃을 위하는 삶을 살아가자며 항상 검소함과 부지런함을 강조해 왔다.

이제 내 아이들도 자신의 2세들에게 증조할아버지가 살아오신 이야기를 자랑스럽게 들려 줄 것이다. 나는 지금도 이 세상에서 내 아버지를 가장 존경하고 있다. 그것은 어려웠던 시절에 그 분이 이루어 낸 자수성가의 성공담 때문이 아니라 나처럼 좌절하기 쉽고 상처 받아 남 몰래 흘리는 눈물이 많았음에도 불구하고 자신을 이겨내기 위한 강한 집념과 인내심으로 일생을 보내셨기 때문이다.

그토록 힘들게 평생 쌓아 온 부와 명예를 모두 이 사회에 환원시켰던 그의 삶이 우리 한국 사회의 밀알이 되어 지금 그 몇백 배의 결실을 맺고 있다. 그가 55년 전에 설립했던 재단인 '학원장학재단' 을 통해 수많은 인재들이 다양한 분야에서 대한민국을 움직이고 있다. 지난 20년 간 장학금을 수여 받았던 300여 명의 인재들이 그 고마움을 기리기 위해 새롭게 설립해 만든 '학원밀알장학재단' 을 통해 미래의 인재들을 키워나감으로 우리의 희망찬 대한민국 사회를 밝게 비추고 있다.

하버드 대학에 내 자녀 보내기

— "지금까지 나를 사랑하고 믿어 준 아빠에게 감사를 드려요. 당신의 격려와 믿음이 제 삶의 큰 의미가 되어왔어요. 이러한 사랑과 지원 없이 없었다면 지금의 내가 있지 못했을 거예요. 훌륭한 아빠, 그리고 이젠 할아버지가 되어주신 것 모두 감사해요. 정말 사랑해요. 어버이날을 축하드리고요."

— 사랑하는 딸 지윤 으로부터

위의 글은 딸아이가 미국의 어버이날, 나에게 보낸 편지의 내용이다. 지윤(智潤)은 2007년 6월 7일 세계 최고 명문인 하버드대학에서 사회학박사 학위를 받았다. 5살 때 미국에 건너 간 후 초중고·대학·석사·박사학위까지 모두 23년 동안 학문과 씨름해 온 결과이다.

15년전 딸아이가 미국 LA 후버고등학교 졸업식장에서 졸업생 대표로 3,000여 청중들 앞에서 연설을 했던 기억이 떠오른다. 영광스러운 이 자리에 자신이 설 수 있게 된 첫 번째 이유가 바로 부모님의 희생이었다는 딸아이의 연설내용이었다. 당시 나는 갑자기 회사를 그만 두게 되어 미국과 한국을 오가며 돈벌이를 찾느라 힘들고 지친 상태였다. 옆자리에 앉아 있던 50대 백인 아주머니가 왜 눈물을 흘리느냐고 물어왔다. 단상 위의 저 아이가 바로 내 딸이라고 하자 내 어깨를 가볍게 두드리며 감격스러울 수밖에 없을 것이라며 위로의 말을 해 주었다.

나는 한국에서 대학을 마칠 때까지 스스로에 대한 자부심을 한 번도 가져 본 적이 없었다. 그러나 내 아이들은 정신적으로나 육체적으로 건강하게 성장해

고등학교를 졸업한 이후부터 경제적으로 독립해 스스로 모든 것을 이루어 왔다.

하버드대학 졸업식은 1,200명의 졸업생과 9천 명이 넘는 학부형들이 50여 나라에서 모여든 서로 다른 인종들의 잔치이다. 비록 피부색과 외모는 달라도 그 자리에 모인 얼굴들에는 공통점이 있다. 바로 자신들의 자녀가 하버드대학을 졸업하게 되었다는 성취감과 자랑스러움이다.

지윤(JUNE KIM)은 초등학교 1학년 때부터 일등을 놓쳐본 적이 없는 뛰어난 경쟁력과 투지를 지닌 투사와 같은 아이였다. 중학교 때부터 명문대학을 목표로 설정해 놓고 그 방향대로 철저하게 학업과 과외 활동 스케줄을 스스로 맞추어 나갔다.

뛰어난 학업성적은 물론이고, 중학교 때는 학생회장, 고등학교 때는 학교 내 봉사그룹인 키(KEY) 클럽 회장, 그리고 방과 후에는 테니스팀 주장으로 매일 하루 2시간 이상씩 운동을 했다. 토요일 오후도 노인병원에서 치매노인들을 위해 4시간 이상 씩 봉사활동을 하는 바쁜 스케줄을 스스로 관리했다. 경제적 여유도 부족하고, 미국교육제도 하에서 영어·수학을 지도 할 수 있는 능력도 없던 우리 부부는 아이들에게 늘 미안한 마음뿐이었다. 그래서 공부하라는 말보다 건강하고 열심히 사는 것만이 행복이라는 말을 앞세우며 살아왔다.

나는 아이들과 함께 하는 시간이 가장 즐겁고 행복했다. 일요일은 우리 네 가족이 교회예배에 참석하고 함께 테니스를 치고 영화를 보며 도서관에 들러 몇 시간씩 책을 읽는 것으로 하루를 보냈다. 일 년에 두 번 있는 아이들의 방학 중에는 반드시 텐트와 담요, 음식을 준비해 자동차에 싣고 일주일씩 미국 대도시와 서부국립공원을 차례로 둘러보았다.

내 아이들이 미국에서 초중고 시절 공부에 투자한 시간은 한국 학생들의 3분의 1에도 미치지 못했다. 그러나 중 고등학생 때부터 아르바이트로 용돈을 벌기 시작했던 내 아이들은 이때부터 명문 대학을 나와 남들 보다 좋은 직업을 가져야겠다는 생각을 하기 시작했다. 뚜렷한 목표가 집중력을 키워 짧은 시간 공부하더라도 몇 배의 학업 효과를 갖게 한 것이다.

두 아이를 미국에 남겨 둔 채 귀국한 우리 부부는 음식점을 운영해 번 돈을 10년 넘게 매달 각자 천 불 씩 송금해주었는데 이 돈으로는 학비는커녕 생활비의 절반도 충당하지 못 했다. 그러나 아이들은 불평 한 마디 없이 장학금과 융자금으로 박사과정과 치과대학 레지던트 과정까지 마쳤다.

하버드대학은 부모가 가는 것이 아니다. '목마른 자가 우물 판다.' 라는 속담이 있듯이 자녀들 스스로가 성공에 목마를 수 있도록 유도하는 부모의 지혜와 전략이 필요하다. 미래에 대한 꿈과 의지가 없는 자녀들을 강남 대치동이나 미국·캐나다로 유학 보낸다고 학업 성취를 이룰 수 있는 것이 아니다. 공부는 왜 해야 하는 것인지 스스로 깨닫게 하는 동기 부여가 첫째이다. 그리고 성적과 관계없이 모든 부모들은 무조건 자녀들을 신뢰해야 한다. 주위 체면 때문에 다른 아이들과 비교하며 잔소리하는 부모의 말에는 절대 복종하지 않는다. 인내심 없는 부모의 일방적이며 감정적 언행은 자녀들의 마음에 상처를 주기 때문이다.

나 보다 훨씬 훌륭한 아이들이기에 항상 입버릇처럼 사랑한다, 자랑스럽다, 너희들 때문에 정말 행복하다, 미안하다 등의 말로 진심으로 칭찬해 주었다. 장래문제와 결혼문제에 대해서 나와 다른 결정을 내렸을 때에도 나의 의견만 제시했을 뿐 아이들이 내린 결정을 그대로 따랐다. 실패도 성공과 똑 같이 꼭 필요한 경험이다. 실패를 경험한 후에는 반드시 부모가 한 말을 떠올리며 반성

하게 되고 이전 보다 훨씬 집중력이 강해질 것이다. 부모들은 자녀들이 설혹 실패를 하더라도 끝까지 믿고 기다려 주는 인내심이 필요하다.

둘째인 성진이가 치과대학 본과 2학년 때 공부가 자기 적성에 맞지 않는다며 학업을 포기하겠다고 했을 때 "불행한 치과의사보다 차라리 행복한 노동자가 더 났다."는 말로 위로하며 끝까지 믿고 기다렸다. 결국 몇 달간의 방황을 마치고 돌아와 훌륭한 성적으로 치과대학을 마치고 의사가 되었다. 하버드 대학과 같은 명문대학 입학가능 여부가 문제는 아니다. 무엇이든 자신이 계획한대로 일이 이루어졌을 때 느낄 수 있는 자신감과 성취감이 더 중요하다.

모든 부모들은 자녀를 가졌다는 것만으로도 크나 큰 축복으로 생각해야 한다. 자녀들이 공부를 잘해 일류대학에 입학하게 된다면 그것은 단지 보너스일 뿐 그 자체가 온 가족의 행복이 될 수는 없기 때문이다.

내 생애(生涯) 최고의 인터뷰

— 일본의 최고 베스트 셀러인 『빙점』의 작가 '미우라 아야코' 와의 만남

"저는 제 자신이 일본인이라는 사실을 이처럼 부끄럽게 느낀 적이 없었습니다. 이 세상에서 가장 불쌍한 것은 자신이 저지른 잘못을 스스로 잘못된 것이라 여기지 못하는 것입니다. 일본의 한 텔레비전에서 일주일 동안 일본이 한국과 중국에서 저지른 잔혹한 행위를 파헤친 프로그램을 방영한 적이 있었어요. 정말 눈으로 볼 수 없는 처참한 광경들이었습니다."

이 말은 일본 최고의 베스트셀러 작가이며 일본인들의 대표적 양심으로 추앙받고 있었던 작가 '미우라 아야꼬' 를 만난 필자가, 일본 교과서 왜곡문제에 대한 질문을 하자 그녀가 직접 답변한 것이다.

2차대전이후 일본 정부는 조선의 땅을 36년간이나 식민지화하고 중국과 러시아와 미국 본토까지 침략했던 과거 일본제국의 모든 국민들에게 그 책임이 있음을 인정하고 사죄해 왔다. 그러나 1982년 초 어린 학생들이 배우는 새로운 교과서를 개정하면서 이러한 역사적 사실들을 왜곡하기 시작했으며 자신들이 저지른 부끄러운 전쟁을 미화하기 시작한 것이다. 대한민국 정부는 물론 국내의 모든 단체들이 격렬한 시위를 벌이기 시작하면서 마치 온 나라가 벌집을 쑤셔 놓은 듯이 소란했던 시기였다.

1980년부터 미국 LA 〈주부생활 학원사〉 지사에 근무하던 필자는 같은 아파트에 살고 있던 일본인 '우야마(宇山)' 씨 가족과 3년 넘게 가깝게 지내 왔다. 우연히 이들로 부터 일본 홋카이도(北海島) 아시히가와시(旭川市)에서 어릴

적부터 미우라 아야코(三浦綾子)와 이웃해 살았으며 남편들끼리 바둑 친구로 아주 친하게 지내왔다는 사실을 알게 되었다. 나는 즉시 서울 본사 편집부로 연락해 미우라 아야꼬(三浦綾子)와 인터뷰를 시도해 보겠다는 제안을 했다.

국제전화를 여러 번 시도한 끝에 간신히 남편과의 통화가 이뤄지게 되었다. 그러나 '미우라'는 지금 직장암 수술 직후이기에 일본 내에서의 모든 인터뷰도 일체 거절하고 있는 상황이라 한다. 공식적인 인터뷰가 거절 당했으나 옛 고향친구의 부탁은 거절하지 못 할 것이라는 생각으로 친구인 '우야마'에게 통화를 부탁했다. 20분 이상의 국제통화 끝에 마침내 승낙을 얻었다. 먼 나라 미국에서의 방문이라 거절할 수 없지만 건강을 이유로 30분간의 짧은 인터뷰를 허락한다는 것이었다.

LA에서 서울로 온 즉시 나는 본사 편집부장과 사진기자, 3명이 한 팀이 되어 하네다 공항으로 출발했다.

나는 1974년부터 약 2년간 일본 깅끼(近畿)대학에서 조경학을 배우기 위해

유학한 적이 있어 일본어 회화에 대한 큰 무리는 없었다. 그러나 신입 기자로서 세계적인 작가와 인터뷰를 해야 한다는 사실이 큰 부담감으로 느껴졌다. 어쨌든 내가 제안하고 시작한 일이니 중도에 포기할 수는 없었다. 하네다 공항에서 갈아탄 비행기 안에서 2시간 동안 수 없이 작은 소리로 중얼거리며 인터뷰 내용을 일본말로 연습 반복해 보았다.

8월 20일, 우리 일행이 집으로 찾아가 만난 미우라 아야꼬(三浦綾子)의 모습은 정말로 참담했다. 약 160cm, 당시 일본여성으로서는 큰 키였지만 30Kg 내외의 뼈와 가죽만 남은 말기 암환자의 모습은 처참했다. 순간, 죽어가는 환자에게 우리가 너무 무리한 인터뷰를 요청한 것이 아닌가 하는 죄책감까지 느껴졌다.

손이 굳어서 글을 쓰지 못하고 말을 하면 금방 숨이 가빠져 그녀의 생각을 남편이 대신 말해 주는 것으로 인터뷰를 시작했다. 그러나 시간이 갈수록 점차 자신의 이야기에 빠져 들면서 자신도 모르게 모든 답변을 직접 구술하기 시작했다. 결국 처음 약속시간인 30분을 훨씬 넘겨 2시간에 걸친 장시간의 인터뷰가 되어버렸다.

"어릴 때 전쟁 중에 겪은 굶주림과 가난, 일본의 패망으로 이어진 심각한 가치관의 혼란을 느꼈습니다. 그리고 전쟁터에 나가 전사한 두 오빠와 병으로 죽은 어린 동생의 죽음을 경험하게 되었어요. 인간이 겪을 수 있는 가장 힘들고 처절한 고통들을 한꺼번에 겪은 어린 시절이었지요. 전쟁이 끝나고 가까스로 건강을 회복하게 된 단계에서 또 다시 죽음보다 더 고통스럽다는 말기 폐병과 척추 카리에스를 한꺼번에 앓게 되었습니다. 매일 같이 환자가 죽어나가는 폐병동에서 서로에게 용기와 희망을 일깨워 주며 13년이란 세월을 함께 투병하던 약혼자의 죽음으로 저의 마지막 희망마저 빼앗긴 셈이었지요."

그녀는 정말 움직이는 종합병원이었다. 직장암을 극복한 이후에도 대상포

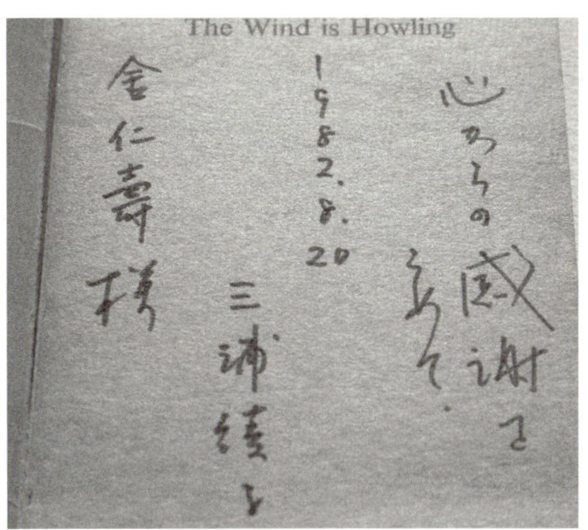

진과 심장병, 말년에는 7년 동안이나 파킨스 병과 장기부전을 앓았다고 한다.

어릴 적 경험한 전쟁과 가난, 형제들의 죽음, 평생을 질병의 고통과 죽음의 공포 속에서 살아오면서도 어떻게 하나님을 믿고 그에게 감사할 수 있느냐는 필자의 마지막 질문에 대한 그녀의 답은 단호했다.

"질병으로 내가 잃은 것은 건강뿐이었습니다. 그 대신 얻기 힘든 새로운 귀한 생명을 얻었잖아요. 고통을 주신 하나님께 감사드릴 수밖에 없어요. 시련과 고통을 통해 우리의 육신과 영혼이 더욱 성숙해지고 감사의 의미를 알게 되니까요. 저에게 주어진 시련과 고통이 없었다면 저의 작품들은 존재할 수 없었을 것입니다. 또다시 이런 고통스런 삶을 살아가야 한다 해도 기꺼이 지금의 삶을 선택할 것입니다."

작품을 쓸 때에도 펜대를 잡을 수 없어 남편이 옆에서 그녀의 구술을 받아 써 주고 있는 상황이었다. 그러나 인터뷰를 마친 필자에게 영문번역본인 그녀의 저서 『The Wind Is Howling(바람은 불어도)』 첫 페이지에 멀리서 온 특별한 손님이라는 말과 함께 떨리는 손으로 직접 자필 서명과 인사말을 써 주었다.

떨리는 손으로 간신히 서명을 마친 그녀의 얼굴은 창백했고 진땀마저 흘리

고 있었다. 나는 주체할 수 없이 흐르는 눈물을 닦으며 조용히 그녀의 어깨를 감싸 안았다. 그녀도 뼈만 남은 앙상한 두 손으로 나를 껴안으며 가볍게 내 어깨를 두들겨 주었다.

6·25 전쟁 중에 소아마비를 앓아 겨우 죽음의 고비를 넘겼던 나도 끊임없이 육체적·정신적 고통을 겪어왔다. 어려서부터 뼈만 남은 왼쪽 다리와 팔을 볼 때마다 수없이 나는 하나님과 전쟁을 원망해왔다. 그러나 미우라와의 인터뷰를 통해 인간은 행복을 통해서가 아니라 오히려 고통 속에서 진정한 삶의 가치와 감사의 의미를 깨닫게 된다는 사실을 배웠다.

아직도 일본교과서 왜곡문제와 일본 군인들의 성적 노리개로 강제 징용 당했던 정신대 할머니들의 분노, 독도 영유권 문제 등으로 양국 간의 심각한 분쟁이 끊임없이 이어지고 있다. 한때 자신들의 식민지였던 대한민국에 대한 일본인들의 우월감과, 압박과 착취의 식민통치를 받은 한국인들의 치욕감이 만든 두터운 벽을 아직도 허물지 못하고 있다. 그때마다 나는 그녀가 한 말을 떠올리며 안타까운 심정이 된다.

"대동아 전쟁 당시 제가 살고 있던 홋카이도(北海道) 지역에는 탄광이 많아 조선으로부터 강제 징용 당한 조선인 광부들을 자주 만날 수 있었어요. 당시 제가 교사로 재직하던 초등학교의 학생 중에도 조선 아이들이 여러 명 있었지요. 이들이 당한 고통을 누구보다 저는 잘 알고 있습니다. 일본인들이 지금에 와서 과거 자신들이 저질렀던 만행을 감추려는 것은 손바닥으로 해를 가리는 것과 같습니다. 제가 직접 일본 문부성 현관 앞에서 피켓을 들고 데모를 하려고 했어요. 병중에 있어 움직일 수 없는 제 몸이 정말 안타깝습니다. 언젠가는 한국에 가서 한국 국민 앞에서 무릎을 꿇고 모든 일본인들을 대신해 용서를 빌고 싶은 심정입니다. 그때 저의 뺨을 때리셔도, 욕을 하셔도 달게 받겠습니다."

미우라는 일본인이라기보다 기독교인으로서 코스모폴리탄에 가까웠다. 과거 제국주의를 신봉한 일본 극우주의자들은 죄 없는 수백만 명의 타 민족을 참혹하게 죽인 세계대전을 일으키고도 애국심으로 치장하는 잘못을 저질렀다. 자신의 조국이 저지른 용서 받지 못할 만행에 대해 병들어 죽어가는 한 여자의 몸으로 두 무릎을 꿇고 큰 절을 하며 처절한 속죄의 몸짓을 하고 있었다.

자기를 찾아간 한국인 앞에서 이렇게 절절히 속죄의 말을 뇌이던 미우라 아야코, 그녀는 지금 하늘나라에서 두 민족을 내려다보면서 일본의 솔직하고 진솔한 사죄와 함께 두 나라가 서로 용서하고 화합하며 평화와 발전을 함께 나누게 되기를 간절히 기도하고 있을 것이다.

나는 27년 전에 가졌던 그녀와의 인터뷰를 앞으로도 영원히 잊을 수 없을 것이다. 용서(容恕)와 화합(和合)의 진정한 의미를 가르쳐 주었으며 마음이 가난한 자(者), 고통 받는 자, 애통해 하는 자만이 하늘나라로 부터 위로를 받을 수 있는 복된 자(者)라는 말씀의 참된 의미를 깨닫게 해 주었다.

미우라 아야꼬(三浦融子) 1927년 4월 25일 출생. 아사히가와 시립 여고를 졸업 후 7년간 국민학교에서 교편을 잡았다. 결핵으로 학교를 그만 둔 후 13년간 투병생활. 독실한 크리스찬으로 육체적인 병마를 극복하고 42세 되던 1971년 아사히신문에서 모집한 1억 원 상금의 현상소설에 「빙점」이 1등으로 당선, 일약 베스트 작가로 문단에 데뷔한다. 이 후 「양치는 언덕」 「사랑의 종점」 「길은 멀어도」 「이 질그릇에도」 등 수많은 소설과 수필들을 차례로 발표한다.
미우라 아야꼬의 20여 종 이상의 소설과 수필들이 번역되어 국내에 소개되었으며 전집까지 출판되었다. 특히 70년 초 「빙점」은 센세이션을 일으킨 최대의 베스트셀러였다. 그 여파로 「빙점」은 우리나라에서 영화화되었을 뿐만 아니라 KBS-TV드라마로 장기 방영되기도 했다. 현재까지도 「빙점」은 국내에서 출판된 세계문학전집의 리스트에 올라 있다. 그녀의 작품은 주로 자신의 체험을 바탕으로 인간의 원죄의식과 자유·고뇌·사랑·가정·죽음·신앙과 같은 인간의 근본적인 의식을 주제를 다루고 있다. 그녀의 작품은 약 20개국의 각기 다른 언어로 번역되어 전 세계적으로 읽혀졌다. 1981년 직장암 선고를 받고 그해 수술을 하였다. 그후 18년간 말기 암이라는 병마와 싸우면서도 그녀의 집필은 계속되었고, 1999년 10월 12일 별세했다.

김인수가 만난 군포 사람들

초판 인쇄 2009년 4월 17일
초판 발행 2009년 4월 23일

지은이 김인수
발행인 홍순창
펴낸곳 토담미디어
　　　　등록번호 2-3835호 2003년 8월 23일
　　　　100-032 서울 중구 저동2가 4번지 고당기념관 4층
　　　　주문전화 2271-3335　팩시밀리 2271-3336
　　　　홈페이지 www.todammedia.com
정리　김영애
미술　정용철
편집　김보현(글마춤)

ISBN 978-89-92430-29-6